日事日清

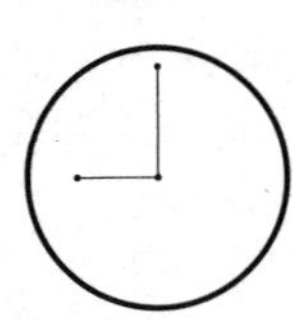

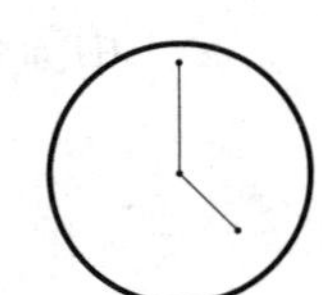

工作法

高效员工的效率手册

马 伦◎著

当代世界出版社
THE CONTEMPORARY WORLD PRESS

图书在版编目 (CIP) 数据

日事日清工作法 / 马伦著 . — 北京：当代世界出版社，2018.11（2023.6重印）

ISBN 978-7-5090-1460-8

Ⅰ . ①日… Ⅱ . ①马… Ⅲ . ①企业－职工－工作方法 Ⅳ . ① F272.92

中国版本图书馆 CIP 数据核字 (2018) 第 224867 号

书　　名： 日事日清工作法
出版发行： 当代世界出版社
地　　址： 北京市东城区地安门东大街 70-9 号
编务电话：（010）83907528
发行电话：（010）83908410（传真）
13601274970
18611107149
13521909533
经　　销： 全国新华书店
印　　刷： 嘉业印刷（天津）有限公司
开　　本： 880 毫米 × 1230 毫米　1/32
印　　张： 8
字　　数： 160 千字
版　　次： 2018 年 11 月第 1 版
印　　次： 2023 年 6 月第 4 次
书　　号： ISBN 978-7-5090-1460-8
定　　价： 39.80 元

前　言

日本著名企业家盛田昭夫曾说：“我们慢，不是因为我们不快，而是因为对手更快。商场如战场，战机稍纵即逝，因此时间就是生产力。”在这个竞争激烈的商业社会里，每个人都面临着巨大的压力，都想要充分把握时间，不断提高效率，但往往事与愿违。

这样的情况常会发生在我们的工作和生活中：一天到晚忙得晕头转向，却始终没有成果；手头的事情一拖再拖，直到最后一刻才勉强完成；明明已有工作安排，却被突发情况打乱计划，变得手忙脚乱；自控力不够强，工作效率降低……不仅仅是个人，有时企业也会面临团队运作散漫、员工效率低下的问题，时间和金钱被白白浪费，项目进度一拖再拖，项目完成质量不尽如人意，长此以往，企业前景堪忧。

“日事日清，日清日高”的工作方法，正是为解决这些问题而被提出来的。所谓“日事日清”，就是指当天的工作必须当天完成，而“日清日高”则是说今天的工作一定要比昨天提高。这种工作法要求每个人对自己的每项工作都进行全方位的控制和清理，也要求团队或企业对每一位员工的工作效率进行把控，总之，它是高效员工的行动守则，也是高效团队的运作模式。

日事日清工作法是众多优秀企业战略思维的精华所在，而海尔是其中成功运用此方法的一个最好例证。

2017年4月5日下午两点，一个德国的经销商打来电话，要求海尔必须在两天内发货，否则订单自动失效。

两天内发货意味着当天下午客户要的货物就必须装船，此刻是星期五下午两点，如果按海关、商检等有关部门下午五点下班来计算的话，留给海尔的时间只有三个小时，而按照一般程序，做到这一切几乎是不可能的。

如何将不可能变成可能？他们采取齐头并进的方式，调货的调货，报关的报关，联系船期的联系船期，所有人员全身心地投入工作中，抓紧每一分每一秒，使每一个环节都顺利进行。当天下午五点半，这位经销商接到了来自海尔的货物发出的消息，他非常吃惊，继而转为感激，还破例向海尔写了感谢信。

快速满足客户需求，完成如此高难度的任务却仅仅花费三个小时，这对任何一家企业来说都是极大的考验。海尔正是凭借日事日清工作法所创造的工作效率，在市场竞争异常激烈的国际国内市场上赢得了生存和发展的空间，确立了其在世界贸易中的重要地位。

效率对企业来讲非常重要，而要想打造一流的企业，员工也必须有一流的工作效率。本书提供了一套系统的、行之有效的工作方法——“日事日清”工作法，以帮助读者了解怎样做一个日事日清的高效员工，以及如何培养日事日清的意识，掌握日事日清的方法，从战胜拖延、第一次就把事情做对、专注目标、要事第一、时间管理、不找借口、变通执行、执行到位等多个方面来提高办事的效率，从而为员工提高执行力提供帮助。

目 录

Contents

第二章　关键：根治工作中的拖延症

第三章　核心：学会时间管理法

第四章 观念：拒绝借口，少点抱怨

第五章 态度：认真勤勉，注重细节

第六章　意识：负责敬业，注重结果

第七章　方法：设定目标，抓住关键

第八章　技巧：日清员工的八个专业工作方式

第九章　实例：高效率的海尔模式

序 章

今天你做到日事日清了吗

01.
累死人的是积压下的工作

> 工作今日不清，必然积累。这就像稻草，别看稻草轻，一根不起眼，但当一根根稻草堆成了山，再强壮的骆驼也会被压死。

某人有一头很强壮的骆驼，他夸口说骆驼能扛起任何东西。但有一天有人却说他的骆驼连一根稻草也扛不了，此人觉得好笑，便要与那人打赌。当骆驼背上的稻草堆积成小山时，打赌人说还没有找到那根稻草，他就那样一根根漫不经心地边找边把稻草放到骆驼身上，许久，当他放完一根稻草后，骆驼轰然倒地。打赌的人指着最后放上去的一根稻草说："瞧，就是这一根！"

这个故事人人皆知。打赌的人充分利用了骆驼主人的无知，成功找到了压倒骆驼的“那根稻草”。现在再看这个笑话，我们应该能够在会心一笑中看到问题的本质：别看稻草轻，一根不起眼，当一根根稻草堆成了山，再强壮的骆驼也会被压死。

现实生活中，类似骆驼主人这样“愚钝”的人并不在少数，只不过故事里的稻草变成了工作中看似不起眼的“小问题”。经常让这些本来极易排除而未能及时处理的小问题和隐患积聚下来，一事压着一事，就会成为积重难返的大难题。为了避免这种情况，我们必须做到日事日清。

日事日清，即把当天遇到的种种问题在当天解决，防止问题积累。以一个企业的中层管理者为例，他每天都会接到来自高层的工作指令，来自其他部门的协作要求以及来自下层的工作请示等，事情很多。任何一件小事如果不能在当天完成，而是拖到下一个工作日，工作就会越积越多，最后就会导致根本无法推动事情的进展。

日事日清的影响力不局限于个人，对企业整体亦是如此。很多企业当初对小问题视若无睹，错失了解决问题的最佳时机，以至变得被动，于是小问题接踵而至成了大麻烦，最后造成了不可估量的损失。

2005年下半年，许多锐志新车用户在提车不到两个月便发现发动机漏油的现象，一些皇冠新车也出现了类似问题，紧接着这一问题开始在网上传播，但并未引起一汽丰田的重视。

2006年初，各大网站都在热议“锐志漏油事件”，一些媒体也开始关注此事，但一汽丰田仍未采取任何实质性行动。

至2006年第一季度，锐志轿车在国内已经出现了普遍的发动机漏油现象。根据《第一财经日报》的推断，全国估计有超过60%的锐志存在“发动机漏油”隐患，问题车辆数量已经过万。在这一形势面前，一汽丰田首次低调表态：因部分发动机油底壳装配不良，锐志发动机出现少量渗油的问题，但该问题不涉及车辆的行驶安全。生产厂已于今年2月做出改善，自此再未接到过任何渗漏油的报告。

厂家的这一说法遭到了众多消费者的质疑。许多锐志、皇冠用户组成维权联盟，要求厂家对问题车辆进行召回，车主和一汽丰田之间围绕“锐志漏油”的战争进一步升级。

针对消费者日益强烈的要求“召回”的呼声，一汽丰田于2006年5月17日再次发表声明，却仍旧只是象征性地向消费者表示歉意。2006年5月23日，天津的锐志车主李宏宇在饱受“渗漏”困扰后，最终一纸诉状将经销商和一汽丰田告上法院。

这次危机导致锐志销量大幅度下滑。2006年4月份锐志的单月销量下滑到4000辆以下，和2005年最高近7000辆的月销量相距甚远。

一事不解决，事事受牵连，这就是恶性循环。一汽丰田对漏油事件没有给予高度重视，没有及时与消费者沟通并采取有效措施，于是错过了解决问题的最佳时机，也丧失了主动权。他们对危机事件的发展态势估计严重不足，也没有足够的勇气面对已经造成的事实，而大事化小、息事宁人的侥幸态度使其再度错失解决事件的良机。选择和消费者进行“对抗性游戏”，是一汽丰田的一大败笔。一篇缺乏诚意的正式声明，再度表明了厂家不愿“低头认错”的态度。至此，消费者对一汽丰田“只道歉而不召回”的做法普遍不满，于是他们选择上诉。一汽丰田一次次错失解决问题的机会，一次次让问题积累，最后导致锐志汽车销量大幅下滑。

锐志车的危机风波再一次证明，对小事不日清，不予以足够的重视，不及时解决，小事终将会成为大事，甚至致使企业损失严重。而对于员工个人而言，一天不日事日清，就会影响到下一天的工作，遗留的问题很可能会打断手头的工作，工作效率也就会大受影响。所以不论是企业还是企业员工，都要做到及时处理问题和事故，做到日事日清。

02.
工作不到位，公司没未来

> 工作做不到位，产品就会存在瑕疵，进而影响到整个企业的品牌，从而导致市场销量下滑和市场份额下降，使得企业遭受巨额损失。

浙江某厂生产的裤子被欧洲一些商家退了货，并且要求赔偿。原因是欧洲当地检验部门发现产品存在质量瑕疵——有条裤子上的线头没有被剪掉。

这个产品的合格证上清楚地写着质检员05号，公司老总很快就查明了05号质检员的身份：卫成。当老总问卫成原因时，卫成说那天他因为急着下班后去见女朋友，所以没有一条条仔细检查，而是抓起几条同时看。可能当时线头被盖住了，没有抖出来，他就疏忽了。

商家索赔，客户认可度大打折扣，公司准备在欧洲提高市场份额的计划随后也搁浅了。

实际上，工作中容易被人忽视而不能日清的，往往是一些细节。员工的一丁点儿工作不到位，都可能导致产品不合格。例如，操作人员未按规定操作；设备维护不到位，造成精度不够；产品生产环境维持不到位，导致洁净度、相对湿度等不达标；设计人员在产品设计时，对产品性能指标验证不足，未充分考虑产品加工方法；作业指导书（或相应文件）编写不到位；原材料或元器件控制不到位……这些都会导致产品质量大打折扣，也很可能会像案例中那样让公司蒙受巨大损失，因此我们说，今天的工作不到位就是透支公司的未来。

企业不仅需要执行力，还需要日事日清的细节管理。不是日事日清的执行，等于没有执行；不能及时地解决细节问题，很可能就会酿成致命问题；只有一丝不苟地将每一个细节完成，执行到位，才能造就卓越企业。被称为“零缺陷之父”的菲利浦·克劳士比认为，对质量的描述不能是形容词，而只能是动词和名词，比如需要、要求。确定了这些，并将其逐渐灌输到员工的意识里，才能让员工坚决地将需要和要求执行到位，从而保证产品质量，为公司赢得未来。

美国一家公司在韩国订购了一批价格昂贵的玻璃杯，为此美国公司专门派了一名高管来监督生产。来到韩国以后这位高管发现，这家玻璃厂的技术水平和生产质量都是世界第一流的，生产的产品几乎完美无缺。他很满意，因为韩方自己的要求比美方还要严格。

一天，他无意当中来到生产车间，发现工人们正从生产线上挑出一部分杯子放在旁边。他上去仔细看了一下，没有发现两种杯子有什么差别，就奇怪地问："挑出来的杯子是干什么用的？"

"那是不合格的次品。"工人一边工作一边回答。

"可是我并没有发现它们和其他的杯子有什么不同啊？"美方高管不解地说。

"你自己看，这里多了一个小气泡，这说明杯子在吹制的过程中漏进了空气。"

"可是那并不影响使用啊。"

工人很自然地回答："我们既然工作，就一定要做到最好。任何缺点，哪怕是客户看不出来，对于我们来说，也是不允许的。"

"那么这些次品一般能卖多少钱？"

"10美分左右吧。"

当天晚上，这位美方高管就给总部写信汇报："一个完全合乎我们的检验和使用标准、价值5美元的杯子，在这里却在无人监督的情况下，被人用几乎苛刻的标准挑选出来，只卖10美分。这样的员工堪称典范，这样的企业又有什么不可以信任的？我建议公司马上与该企业签订长期供销合同，我也没有必要再待在这里了。"

这家韩国企业的员工对产品的质量严格把关，检验一丝不苟，工作没有任何折扣。员工工作到位，保证了产品质量，也让公司获得了客户的高度认可，为公司签订长期的购销合同打下基础，从而创造了良好的业绩。

日事日清，没有折扣，工作到位，生产出的产品才会升值而不是贬值，公司业绩才会提升而不是下降，公司也才能真正创造出更多的价值，公司才会有更好的发展前景。

03.
最危险的事业“杀手”是拖延

拖延是事业“杀手”，我们每个人或多或少都有过和这个阴险的“敌人”交锋的经历。很多人在事业上难以取得进步，甚至最终堕落到深渊，就是因为日复一日的拖延。

人们都有这样的经历：清晨闹钟将你从睡梦中惊醒，你想着自己所订的计划，同时感受着被窝里的温暖，一边不断地对自己说该起床了，一边又眷恋被窝。于是，在忐忑不安之中，你又躺了五分钟，十分钟……

在日常工作中我们也经常会这样，把此刻应该完成的事情拖延到下一刻。最初这样做，可能只是由于犹豫不决，但等到养成了习惯，就会有更多事情被一拖再拖。

张峰周二接到老板的任务，要在一周之内起草一份与某公司的销售合同，这对于法律出身的他来说简直是小菜一碟。

第一天，手头上的其他工作本来可以结束，但他想反正有时间，明天再动手也不迟。

第二天，因为有些突发事件耽误了一上午，到下午下班前他才勉强将原有工作完成。

第三天，刚准备动手做，同事工作上遇到困难，为帮忙解决问题他耽误了一上午，下午也没心情做，因为明天就是周末。他想：周末两天怎么也能做个差不多，不急。

第四天时，一帮朋友搞了个聚会，他整整玩了一天，晚上喝得酩酊大醉，一直睡到次日中午，起来后头还晕得厉害，吃了几片药，又躺下休息。

第六天上班后，在例会上，老板问他完成任务没。他不敢说没做，便撒谎说差不多了，只是有些数据需要核实，明天就能交上去。

开完例会他立刻动手，这时才发现这个合同书远没有想象中那么简单，涉及许多他不熟悉的领域，而且还需要许多实证数据做支持，别说一天，就是三天也未必能完成。想到这儿，他的大脑一片混乱。

由于没有完成工作任务，老板失去了对他的信任。慢慢地，他自己也觉得在公司没有立足之地，最终被迫辞去了工作。

张峰这种做事拖沓的习惯，是他丢工作的罪魁祸首。其实不只是张峰，拖延可以算得上是每个人的大敌。这是因为人的惰性在作怪。每当要付出劳动时，或是要做出抉择时，我们总会找出一些理由来安慰自己，总想让自己轻松些、舒服些。有些人能在瞬间果断地战胜惰性，积极主动地面对挑战；有些人却深陷纠结的泥潭，被工作和惰性拉来拉去，不知所措，而时间就这样一分一秒地过去了。正确的做法是，无论大事小事，都去认真对待。不要把今天能完成的事拖延到明天，更不要傻到等老板开口问“你什么时候做完那件事”时，才匆忙上阵，仓促处理未完的工作。把今天的事拖到以后去做，这样所耗费的时间和精力，其实本可以支撑我们把今天的工作做好。

在我们的职场生活中，拖延总是暗中作祟，一旦开始推脱，就很容易再次拖延，直到变成一种根深蒂固的习惯。工作中能拖则拖，不按时去做，凡事留待明天去处理，这样的态度，会严重阻碍我们职业上的进步。

杰克和汤姆同时到一家公司做产品工艺设计员，公司为他们开出的薪水很低。

面对低薪，杰克愤愤不平，他开始埋怨、找借口、推卸责任，还在工作时间和同事聊天，把工作丢到一旁也毫无顾忌。

渐渐地，他做事变得拖沓起来，效率低下。要他星期一早上交的方案，到了星期二早上依然尚未做完。经理批评他，他就带着情绪工作，把方案做得一塌糊涂。后来，杰克在接到工作任务时，便不是考虑要怎样把工作做好，而是从一开始就在想该如何开脱自己了。

汤姆则不同。他虽然对低薪也感到不平衡，但他并未一味地去抱怨、闹情绪。他相信，机会来自汗水，一分耕耘，一分收获，只有今天的努力才能换来明天的回报。机会随时都在身边，主动地工作，实际上就是主动地抓住机会。他下车间熟悉制作工艺、学习产品生产流程，即使汗流浃背也一丝不苟。他的敬业、勤奋、好学引起了厂长的注意。不久，汤姆就被提拔为厂长助理。

担任厂长助理后，汤姆依然积极主动，认真地处理厂里的每一项事务。分内的、简单的事，他总是第一时间完成；一些重要的、紧急的、需要决策的事，他会及时向厂长汇报，并督促各部门保质保量完成。在汤姆的组织管理和协调下，公司的生产效率大大提高。

一个拖延，一个高效，两位新员工的职业境遇因此而截然不同。

对一个渴望成功的人来说，拖延最具破坏性，也是最危险的恶习，它使人丧失进取心。我们会因拖延而失去学习新知识、新技能的信心和勇气，也最终会因拖延而无法适应时代的快速变化和工作中不断出现的新要求，从而丧失工作机会，丧失职业前途。

04.
工作如同习武，日清才能进步

> 一日不工作，一日不提升自己，员工在各方的竞争中就可能处于劣势，自身知识也将面临贬值，人力资源的价值也会下降。

新东方总裁俞敏洪，大学时是一个坐在教室角落默默无闻的同学。1993年，他创办新东方，进入民办教育领域，开创了中国民办教育发展的新模式。2006年9月7日，新东方在纽约证券交易所成功上市，按照股票市值，俞敏洪所持有的股票价值高达58亿美元。短短的十三年时间，俞敏洪身价暴涨，成为中国最富有的教师。虽然2012年经历过股价下跌等等危机，但时至今日，俞敏洪的新东方仍然算得上是国内最有名的教育机构之一。

每当谈及他的成功和他人生迅速升值的巨大秘密时，他总是

说:"我每天都在向前走，从未止步和停止。每天都要有收获，每天都要抽出一部分时间反省和学习。"

俞敏洪数十年如一日地坚持学习，正如他自己曾说的:"每上一次课，我就感觉多捡了一块砖头，梦想着把新东方这栋房子建起来。"他这种坚持进步和学习的态度，是与日清工作法中日清日高思想不谋而合的。正因为他坚持学习，不断进步，事业才得以快速发展。

不断学习，追求进步，不仅仅是个人事业成功的必需，而且是生存的必需。现代社会发展迅速，知识更新速度快，如果不能迅速掌握最新知识、学习新技能，个人价值就会惨遭贬值。

我们都很熟悉伤仲永的故事，天资聪颖的仲永之所以最后"泯然众人矣"，就是因为他在成名以后没有继续努力和付出，没能及时升级自己的能力和知识。这种案例，在古代有，在社会发展日新月异的今天也屡见不鲜。

2015年，一位应届哈佛毕业生非常高兴地奔出校门，他可能是太兴奋了，对出租车司机说:"我是哈佛今年的毕业生!"

司机的一句话让这位毕业生大吃了一惊:"是吗?我是哈佛90届的毕业生。"

虽然我们无从得知哈佛毕业生做出租车司机的具体原因和具体过程，但有一点是可以肯定的——他已经严重贬值了。是怎样贬的值?客观原因我们不可推测，但主观方面肯定是因为他停止了对自己的提升。不然的话，无论客观条件如何改变，他都能调整并适应。由此看来，许多人缺乏的不是才干，而是志向；不是成功的能力，而是坚持的意志，工作亦如此。正所谓一日工作一日功，一日不做十日空。

工作如同习武，每天都要勤奋地练习，这样工作能力才会不断进步，否则的话，可能会导致知识生疏，能力下降。身为一名员工，应该时刻记住一点：你每天都在和几百万人竞争。即使自己没有改变，同事也在改变，公司也在发展。要跟上公司发展的脚步，就应该有一颗进取心，就不能一直活在过去的荣耀里。每天都有进步，不断提升自己的价值，才能增强自己的竞争优势。

当然，这个不断学习的过程也是非常辛苦的。有耕耘才会有收获，你可能要为此付出大量的精力和时间。

赖斯小时候她的父母经常告诫她："如果你愿意付出四倍的辛劳，就可以跟白人并驾齐驱。如果你能够付出八倍的辛劳，就一定能赶到白人的前头。"

赖斯付出了超过他人八倍的辛劳。她十年如一日，发奋学习，考进了美国名校哈佛大学并获得博士学位，26岁时成为斯坦福大学最年轻的女教授，随后还出任这所大学的教务长一职。步入政坛之后，她更是成为了美国历史上第一位黑人女国务卿。当有人问起她成功的秘诀时，她说："因为我付出了八倍的努力！"

正如赖斯那样，一个成功者最重要的事就是抓紧每天时间，努力工作。鲁迅说："哪里有天才，我是把别人喝咖啡的时间都用到工作上了。”只要你的心在工作上，就一定能挤出时间来学习进步、提高技能，并不断地从工作中获得经验。这样日积月累，你才能成为行家里手，才能在人生的道路上有所成就。

季来特洛夫曾说：“青年时谁在睡觉前不想想一天中学会了什么，他就没前进。”在每天睡觉前，不妨反思一下，这样你既能看到自己的进步，又能发现自己的不足，然后有针对性地确定下一步努力的方向，或总结经验，或奋起直追，坚持下去，你会发现自己在工作上真的可以做到日清日高。

第一章

定义：什么是日事日清

01.
日事日清是企业发展的动力

> **企业发展存在一个不争的事实：每个企业都如同在斜坡上，不进则退。日事日清可以给企业加油，帮助企业加速前进。**

在海尔，有一个被员工们奉若神明的斜坡球定律，大家称其为“海尔发展定律”。事实上，它也道出了企业发展的一般规律。

企业在市场上的地位犹如斜坡上的小球，想要不停往上走，就需要有上升力（目标的提升）使其不断向上发展，还需要有止动力（基础管理）防止其下滑。正如海尔创始人张瑞敏所说：“对于企业，第一步应该是把企业的基础管理工作做扎实，否则，就是有了好的机制、有了先进的设备，效率也同样会滑下来。”

但做好基础管理并不容易。一方面，抓管理要持之以恒，它是一项非常艰苦而又细致的工作。另一方面，管理是动态的，永无止境的。管理水平易反复，也就是说，基础管理水平作为止动力，自己也会松动下滑。因此随着企业的向前发展，它也需要跟着提高，要根据企业目标的调整、内外部条件的变化进行动态优化，不断自我加固。面对复杂的基础管理问题，日事日清正是最好的解决方法。

所谓日事日清，就是要把当天的工作当天完成，把所发生的问题当天解决，及时采取措施，防止问题积累。要想防止累积，就要把工作分解量化到每一个人、每一天、每一项具体任务。这三个“一”都应标明责任人与监督人，要有详细的工作内容及考核标准，这样才能形成环环相扣的责任链。日事日清强调的是效率，只要我们抓紧时间、明确责任、加强管理，就可以提高效率。

同时，日事日清还暗含着“日清日高”的意义，即要不断取得进步，要每天前进一点点。美国作家沃尔特·皮特金的《难忘的人们》中有这样一段文字：

众所周知，日本企业所生产的产品向来以品质卓越著称，不论是电子产品、家用电器，还是汽车，质量都是数一数二的。

日本何以能做到这一点呢？第二次世界大战结束后，美国品质大师戴明博士来到日本，向日本企业界讲述“品质第一”的法则。他告诉日本企业界，要想使自己的产品畅销全世界，在产品品质上就一定要追求卓越。这个卓越不仅仅指产品品质符合标准，而是说品质要无止境地每天进步一点点。当时有不少美国人认为戴明博士的理论很可笑，但日本人却完全照做。今天日本企业的产品在世界上取得了辉煌成就，他们将功劳归于戴明博士，甚至将颁发给先进企业的奖项称为戴明奖。

后来，美国福特汽车公司在一年亏损数10亿美元时，邀请戴明博士来演讲。戴明仍然强调要在产品品质上每天进步一点点，他说，持续不断地进步，一定可以使公司起死回生，振兴发达。福特汽车公司遵从戴明博士的指导，仅仅将这一法则贯彻了3年，便扭亏为盈，一年净赚60亿美元。

正是这样一个简单的理念——日事日清，日清日高——成就了诸多企业，提高了这些企业的工作效率，让它们在竞争激烈的市场上赢得了生存和发展的空间。

02.
日事日清是负责敬业的精神

> 敬业是日事日清工作法的基础。一个没有敬业精神的人即使监督制度再严格，也很难做到日事日清，而那些具有敬业精神的人却能轻松做到这一点。

一个没有责任感的员工是不可能做到日事日清的，只会把任务无限期延后。负责敬业，顾名思义就是对工作有责任感，敬重并重视自己的职业，把工作当成自己的事业，并付出全身心的努力。日事日清地工作就是抱着这样一丝不苟的工作态度，即使付出更多的代价也心甘情愿，并且能够克服各种困难，做到善始善终、尽善尽美。

敬业是日事日清工作法的基础。一个没有敬业精神的人，即使监督制度再严格，也很难做到日事日清，而那些具有敬业精神的人，不仅能轻松做到这一点，如果他们坚持下去，还会收获意想不到的惊喜。

小林本科毕业后进入一个研究所工作，这个研究所的大部分人都具备硕士和博士学位，小林感到压力很大。

但在工作一段时间后，小林发现所里很多同事并不敬业，对本职工作不认真。他们不是在上班时间玩乐，就是忙着搞自己的“第三产业”，把在所里上班当成混日子。不过小林并未受他们影响，而是反其道而行之。他一头扎进工作中，从早到晚埋头苦干，还经常加班加点。小林的业务水平提高很快，不久就成了所里的“顶梁柱”，并逐渐受到所长的重用，时间一长，所长感到离开小林就好像失去了左膀右臂。不久，小林便被提升为副所长，老所长年事已高，所长的位置也在等着小林。

小林加班加点完成工作，对工作负责敬业，从而走上了副所长的岗位；与他形成鲜明对照的其他高学历人才却混日子、不敬业，于是只能浑浑噩噩地过生活。这样混日子的员工，头脑里根本没有“敬业”这个概念，更不会把敬业看作一种神圣的使命。他们不负责任，懒懒散散，应付了事，最终很可能会因工作的失误葬送自己的前程。

之所以要负责敬业，目的主要有两个：一是为了提高自己的工作能力，放眼于未来的发展；二是为了把工作干得更好，对公司和自己的事业负责，也能得到老板的青睐。

这么看来，敬业实在是每一个职场中人都应具备的职业道德。

当负责敬业的精神深植于我们脑海中时，我们做起事来才会积极主动，才能全心全意、尽职尽责，才能从工作中体会到快乐，获得更多的经验和成就，才能在自己的领域里出类拔萃。

7月中旬，美国洛杉矶地区的气温高达40多摄氏度，路上少有人走动。一天，因运输公司的原因，运往洛杉矶的海尔洗衣机零部件多放了一箱。这件事本来不影响工作，找机会调回来即可，但美国海尔贸易有限公司的经理丹先生却不这么认为，他说："当天的日清中就定下了要调回来的，哪能把当日该完成的工作往后拖呢？"于是丹先生冒着酷暑把这箱零部件及时调了回来。

敬业是保证完美落实任务的核心。即使高温酷暑，丹先生仍然按照计划完成自己的工作，这是敬业精神的高度体现。日事日清，即使有困难也要去努力克服，不管接到什么样的任务，我们都应首先保证按时完成。

03.
日事日清是完美的执行能力

> 没有“今日事今日毕”地执行，再正确的战略也发挥不了作用。可以说，没有强有力的执行，就没有企业的发展。

一个周末的晚上，设在夏季旅游景点里的沃尔玛快关门的时候，有一家四口走了进来。虽然快要关门了，店员凯丽还是把他们迎进店里，询问他们需要什么帮助。原来这家人刚刚来到镇上自己的夏季别墅里，却发现没有水，他们急需买根水管。凯丽领他们到卖管道的柜台，可是并没有他们需要的水管。这事要在其他商店里，并且是在快要关门时候，大概多数店员会说：“对不起，我们这里没有您要的水管……您到其他商店问问吧，再见！”

但沃尔玛不会这样。凯丽跑到电话那里，打了几个电话帮助他们订购合适的水管。终于，凯丽在一家管道商那里找到了合适的，又与另一个店员吉姆和客户一起到管道商那里取货，然后送到这家人的别墅里。他们直到帮着把水管安装好，看到水管里流出水才离开，而这时已是午夜12点多了。

沃尔玛店员的热情服务使得这家人在经过长途旅行后可以舒适地休息，这户人家感叹道："没有见过这样热情的店员！"

沃尔玛员工即使加班也要把客户的问题完美解决，可以想见，在以后的日子里，这家人会成为沃尔玛的忠实顾客，并且通过他们，会有更多的顾客来到沃尔玛消费。正是凭借着店员这种不把工作留到明天的执行精神，沃尔玛才稳稳地坐在世界第一大零售公司的座椅上。

执行力到底重不重要？我们看到满街的咖啡店，唯有星巴克一枝独秀；同是做电子产品，唯有苹果独占鳌头；都是开超市，唯有沃尔玛雄踞零售业榜首。很多企业的经营理念和战略大致相同，但绩效却大不相同，原因何在？关键就在于执行力！很多企业家有这样的共识：凡是发展快且发展好的世界级公司，都是执行力强的公司。而对于一个成功的公司管理者而言，应该具备三个基本特征，即明确的业务核心、优秀的领导能力和卓越的执行力。ABB公司原董事长巴尼维克曾说过一句著名的话："一个管理者要想取得管理上的成功，5%在战略，95%在执行。"可以说，如果没有执行力，无论是企业还是个人，都会失去核心竞争力。

联邦快递员的核心理念是无论碰到什么麻烦和问题，都要做到隔日送达。联邦快递曾在其公司网站上粘贴过几则小故事来阐明他们的这个理念：

一天，公司的驾驶员克劳尔来到美国铝业公司，他要在这里装运一批必须当晚运出的车轮。然而，车轮的重要部件之一很晚才会送达。克劳尔没有等待和观望，而是积极帮助安装车轮，并为车轮加上润滑油，使得这批车轮得以按时运出。

又一天，在一次出班中，另一位送货员史蒂芬驾驶的货车过热，他通过不断给散热器加水完成了运输任务。回到运输站后，他将另外一批待运的包裹装上另一辆货车，但这辆货车竟抛锚了。于是史蒂芬借了一辆自行车，将联邦快递公司的板条箱放入自己的背包里，然后将包裹绑在车上。在90华氏度的炎热天气里，史蒂芬踏着自行车，在陡峭的山丘上行进了10英里，最终运完了自己负责的货物。然后，在休息的间隙，他又徒步行走了2.2英里去装运另一批货物。

“隔日送达”是联邦快递响亮的服务口号，为了兑现这一承诺，全面推进企业战略，每一个联邦快递人都要绝对执行。他们用自己超强的执行力和行动力，捍卫了公司的荣誉和口碑。

无论什么时候，那些办事主动、执行力强的员工都是最优秀的，也是最有竞争力的。这样的员工才会被安排接受有挑战性的工作，因为他们无论遇到多大的困难，都能够做到日事日清，所谓一旦接受，使命必达。

美西战争爆发后，美军必须立即跟反抗西班牙统治者的起义军首领加西亚取得联系，而加西亚藏匿在古巴山里的丛林中，没有人知道他的确切地点，所以也无法带信给他。然而，美国总统必须尽快与他合作，怎么办呢？

有人对总统说："有一个名叫罗文的人有办法找到加西亚，也只有他才找得到。"他们把罗文找来，交给他一封总统写给加西亚的信。关于那个名叫罗文的人，如何拿了信，如何在三个星期之内，徒步走过一个危机四伏的国家，把信交给加西亚——这些细节都不是此处想强调的。我们要强调的重点是：美国总统把一封写给加西亚的信交给罗文，而罗文接过信之后即刻动身，并没有问："他在什么地方？"

接到任务后，自动自发地去执行，并排除万难完成工作，这是一名员工完美执行能力的高度体现。罗文式的送信者，就是高效执行的员工。

执行不是口号，而是落实。执行力是企业每一个员工最基本的能力，因为没有今日事今日毕的执行，再正确的战略也发挥不了作用。可以说，没有强有力的执行，就没有企业的发展。就连比尔·盖茨也坦言："微软在未来10年内，所面临的挑战就是执行力。"

04.
日事日清是良好的工作习惯

> 日事日清如果成为一种习惯，将使你受益无穷。一名有着日事日清习惯的员工，他的个人魄力、办事能力、工作态度及负责精神都将会为他带来巨大的收益。一个有着日事日清习惯的老板，不但会感染员工与自己一同改进日常的工作，还能让自己的事业每天都有所发展。

纽约的一家公司被一家法国公司兼并了，在兼并合同签订的当天，公司的新总裁宣布："我们不会随意裁员，但如果你的法语太差，导致无法和其他员工交流，那么我们不得不请你离开。这个周末我们将进行一次法语考试，只有考试及格的人才能继续在这里工作。"散会后，几乎所有人都拥向了图书馆，他们这时才意识到要去补习法语，只有一位员工像往常一样直接回了家。同事们都认为他已经准备放弃这份工作了，可令所有人都想不到的是，考试结果出来后，这个在大家眼中肯定没有希望的人却考了最高分。

原来，这位员工在大学刚毕业来到这家公司之后，就认识到自己身上有许多不足，从那时起，他就有意识地开始了自身能力的储备工作。虽然工作很繁忙，但他却每天坚持提高自己。作为销售部的普通员工，他看到公司的法国客户有很多，但自己却不会法语，每次与客户的往来邮件与合同文本都要公司的翻译帮忙，有时翻译不在或兼顾不上，自己的工作就要被迫停下来，因此他早早地就开始自学法语了。同时，为了在和客户沟通时能把公司产品的技术特点介绍得更详细，他还向技术部和产品开发部的同事们学习相关的技术知识。

这些准备都是需要时间的，他是如何解决学习与工作之间的矛盾的呢？他说："只要每天记住10个法语单词，一年下来我就会3600多个单词了。同样，我只要每天学会一个技术方面的小问题，用不了多长时间，我就能掌握大量的技术了。"

正是这种每天记住几个单词、每天进步一点点的习惯，使得这位员工能够从众多员工中脱颖而出。"日事日清，日清日高"，是良好的工作习惯，是成功的人生战略，无论是对精神生活的追求、对物质生活的追求，还是对事业成功的追求，都需要这样的习惯。

布留索夫说过这样一句话："如果可能，那就走在时代的前面；如果不可能，那就同时代一起前进，但无论如何，绝不要落在时代的后面。"

人的身体之所以能够保持健康活泼，是因为人体内的血液时刻在更新。同样，作为公司的一名员工，只有不断从学习中吸收新思想，不断提高自己的思考能力，才能够不断改进方法，更好地完成工作。

约翰是在20岁时进入汽车加工工厂的。工作一开始，他就对工厂的生产情形做了一次全盘了解。他知道一部汽车由零件到装配出厂，大约要经过13个部门的合作，而每一个部门的工作性质都不相同。

他当时就想：既然自己决定要在汽车制造这一行做一番事业，就必须对汽车的全部制造过程都有深刻的了解，于是他主动要求从最基层的杂工做起。杂工不属于正式工人，也没有固定的工作场所，哪里有零活就要到哪里去。但正是因为这项工作，约翰才有机会和工厂的各部门接触，因此也对各部门的工作性质有了初步了解。

在当了一年半的杂工之后，约翰申请调到汽车椅垫部工作。不久，他就把制椅垫的手艺学会了。后来，他又申请调到点焊部、车身部、喷漆部、车床部等部门去工作。在不到5年的时间里，他几乎把这个厂的各部门工作都做了一遍。最后，他又申请到装配线上去工作。

约翰的一位朋友对约翰的举动十分不解，他问约翰："你工作已经五年了，总是做些焊接、刷漆、制造零件的小事，恐怕会耽误前途吧？"

"你不明白。"约翰笑着说，"我并不急于去当某一部门的小工头，我以能胜任领导整个工厂为工作目标，所以必须花点时间了解整个工作流程。我正在把现有的时间做最有价值的利用，我要学的，不仅仅是一个汽车椅垫如何做，而是整辆汽车是如何制造的。”

当约翰确认自己已经具备管理者的素质时，他决定在装配线上崭露头角。约翰在其他部门干过，懂得各种零件的制造情形，也能分辨零件的优劣，这为他的装配工作增加了不少便利。没过多久，他就成了装配线上最出色的员工，很快他又晋升为领班，并逐步成为15位领班的总领班。

这个故事说明，任何伟大的成就都是一些平凡的人经过自己的不断努力取得的，他们注重细节，每天做到日事日清，日积月累就会前进一大步。对那些勇于开拓的人而言，生活总会给他提供足够的机会和不断进步的空间。那些最能持之以恒、忘我工作、日事日清的人，往往就是最后获得成功的人。

如果日事日清成为一种习惯，将带给人无穷的好处。一名有着日事日清习惯的员工，他的魄力、能力、工作态度及负责精神都将为他带来巨大的收益。而一个有着日事日清习惯的老板，不但会感染自己的员工与他一同改进日常的工作，还能让自己的事业有所发展。

第二章

关键：根治工作中的拖延症

01.
浪费时间就是放弃未来

> 一个人的生命是有限的，如果浪费时间，我们的工作和生活就会被那些琐碎的、毫无意义的事情所占据，那么我们就没有精力去做真正重要的事情。世界上有很多人埋头苦干，却成就一般，很大程度是因为他们没有有效利用时间。如果他们充分且有效地利用自己的时间和精力，绝对可以做出更有价值的事情来。

时间是造物主赐给人们的珍贵礼物，它会带来各种机遇。只有不浪费时间的人才能充分发挥时间的作用和功效，也只有不浪费时间的人才能在机会来临的时候抓住它。不要浪费时间，因为你的未来就在今天珍贵的时间里！

安德鲁·伯利蒂奥为了能成为一名出色的建筑师，从来不浪费一秒钟时间，只要时间允许，他就一定会拼命工作。所有知道他的人都说："看，安德鲁·伯利蒂奥真是太会珍惜时间了！"

每天，他都会把大量的时间用在设计和研究上，除此之外，他还要负责很多方面的事务，每个人都知道他是个大忙人。他风尘仆仆地从一个地方赶到另一个地方，因为他太负责了，以至于不放心其他任何人，每一项工作都要自己亲自参与了才放心。但时间长了，他自己也感觉很累。

其实，他的时间有很大一部分浪费在了管理其他乱七八糟的事情上，在无形中，他就增加了自己的工作量。对于这一点，安德鲁自己也很清楚。有人问他："为什么你的时间总是显得不够用呢？"他笑着说："因为我要管的事情太多了！"

后来，一位教授见他整天忙得晕头转向，但没有取得令人骄傲的成绩，便语重心长地对他说："人大可不必那样忙！"

"人大可不必那样忙"，这句话给了他很大的启发，他一瞬间醒悟了。他发现自己虽然整天都在忙，但所做的真正有价值的事实在是太少了！这样做对实现自己的目标不但没有帮助，反而限制了自己的发展。

大梦初醒的安德鲁放弃了那些偏离主方向的工作，把时间用在了更有价值的事情上。很快，他的一部传世之作《建筑学四书》问世了，这本书至今仍被许多建筑师们奉为"建筑界的圣经"。

安德鲁·伯利蒂奥的成功只是因为一句话："人大可不必那样忙。"一个人的生命是有限的，充分而有效地利用自己的时间和精力去做有意义的工作，绝对会比将精力放在诸多琐碎的事情上能带来更多更有价值的成就。

作为职场人，你可以在你的办公桌前放一块大字牌："任何时候，只要可能，我必须做最有成效的事情。"以此提醒自己尽可能减少琐碎无价值的工作。当你开始做琐碎工作，并将此作为拖延重要工作的借口时，看着字牌你就会知道自己是在浪费时间了。

当你陷入琐碎工作中时，一定要自我反省，问问自己：你现在的工作是否接近你最优先考虑的事情？如果不是，就终止它们，并着手去做重要的事。要让自己变成时间的驾驭者，减少例行公事，并多参与困难的决策和计划。

浪费时间和精力，让机遇白白溜走，往往会导致人生悲剧，这也是痛苦和失败的根源。很多人对钱财极其吝啬，但对自己的体力、脑力和时间却极不珍惜。他们经常熬夜，不保持必要的睡眠，也不注意有规律地用餐，认为休假简直就是浪费宝贵的时间。这样的人并不是真的珍惜时间，他们将品尝到体力不支或职业生涯缩短的苦果。

向琨是一家公司的员工，一天，老板让向琨准备好第二天与某公司董事长会谈的资料，并拟写一份会谈提纲。然而接下来的时间里，向琨却忙于完成另外的几件事：寄出几封信，发出几份传真，接待一个没有预约的会谈，打了几个无关紧要的电话，给老板的一位朋友买了束鲜花向他贺喜。终于把一切安排妥当，此时已经到了下班时间。晚点走吧，又三番两次被一个个无关紧要的电话打扰，于是他决定回家加班。吃过晚饭，他又忍不住看了一场球赛，看完后已是晚上11点，他这才提笔拟写提纲。结果，匆促准备，难免出错。第二天，幸好老板经验丰富，这场会谈进行得还算顺利，但事后，向琨受到了严厉的批评。

日清工作的人不会浪费时间，他们把点点滴滴的时间都看成浪费不起的宝贵财富，把人的脑力和体力看成上苍赐予的珍贵礼物，它们如此神圣，绝不能被浪费掉。

许多人浪费了时间和精力，就是因为他们该把事做好时没做好，敷衍了事，之后就要花很多时间来修修补补，对待工作马马虎虎，常常会一遍又一遍地重做。

浪费时间是生命中最大的错误，也是最具毁灭性的力量，机遇就蕴藏在点点滴滴的时间之中。浪费时间能毁灭一个人的希望和雄心，它往往是绝望的开始，是幸福生活的扼杀者……明天的幸福就寄寓在今天的时间之中。

日清工作的员工不会浪费时间，他们只会抓紧时间，让时间升值。当清晨开始工作时，在脑海中描绘一下时间的珍贵价值吧！如果你知道今天一去不复返，就会好好珍惜每一个今天。想想每一分钟对你的意义，使你的时间过得更有价值吧！要记住，每一秒钟都是弥足珍贵的。

02.
用行动消灭拖延症

> 无论是在工作中还是在生活中，无论是大事还是小事，凡是想到的就应该立即去做，立即行动，绝不能拖延。

对于一些人来讲，工作在其最终期限到来之前是不可能完成的。他们总是喜欢把工作推给明天，原本只需要 2 个小时解决的工作却要拖 2 天，甚至明日复明日地拖延下去。

假如你做事拖延，那你就绝不是一个称职的员工。拖延的习惯不仅仅会妨碍我们做事，而且会消灭我们的创造力，瓦解我们的热情，破坏工作循序渐进的程序。

在战场上，如果稍有放松警惕，敌人就会侵犯你的权利甚至是生命；同样的，在职场上，如果稍有懈怠，不能快速地做出决定，立即行动，那么这种拖延就很有可能会带来灾难性的后果。

麦克有一个重要的会议，关系到一笔1.3亿元的生意。麦克接到助理递交给他的日程表后，随手放到了一边，并未在意。当助理又一次提醒他20分钟后就要出席这个重要的会议时，麦克还在漫不经心地翻看他小儿子的集邮册，并说，不用着急，还没有到时间呢。结果麦克由于欣赏邮票竟然忘记了有一个关系到公司存亡的合同协约会议在等着他。等他慌忙到达会场时，对方很冷漠地说："我们不想跟一个不守时的人合作，如果我们自找麻烦，我们的员工就会饿死。"就这样，因为他磨磨蹭蹭，没有在约定的时间内到达签订合同的地点，不仅生意泡了汤，对方还要求他赔偿损失。

从上面这个事例我们可以看到，一时的拖延造成了严重后果。在工作中我们都会有遗憾，而这些遗憾往往与拖延、犹豫、不及早面对、不彻底解决有着密切的关系。

很多人极易患上管理中的拖延症。每天都能听见有人说："如果我当时就开始做那笔生意，早就发财了！"或者"我早就料到了，我好后悔当时没有做！"然而天下没有卖后悔药的。如果只是沉浸在不切实际的幻想中，幻想着天上能掉馅儿饼，而不是脚踏实地付诸行动，那么幻想恐怕永远都只能是幻想。只有积极行动，才能将幻想变成现实。

一张地图，无论多么翔实，比例多么精确，永远不可能带着主人周游列国；严明的法规条文，无论多么神圣，永远不可能防止罪恶的滋生；凝结智慧的宝典，无论多么厚重，也永远不可能直接缔造财富。只有用最积极的行动来代替只想不做，才能使地图、法规、宝典、梦想、计划、目标等都具有现实意义。

无论你是公司的高层主管还是基层员工，无论是在工作中还是在生活中，无论是大事还是小事，凡是应该立即去做的事情，就应该立即行动，绝不能拖延，这是一个想要取得成功的人身上最应具备的品质。

1847年，李维·施特劳斯从德国移民至美国纽约。1853年，这个犹太小伙子放弃了自己轻松的文职工作，趁着加州的淘金热前往旧金山，做起了帆布生意。

一天，一个来施特劳斯店里的淘金工人无意中对他说：“你们的帆布包真的很适合我们，为什么不用帆布做成裤子给我们这些工人穿呢？那一定比我们现在的棉布工装裤要结实耐用得多。”

说者无心，听者有意。施特劳斯经过一整夜的反复思考，决定立即采用这位淘金工人的建议。于是他马上取出一块帆布，到裁缝店做出了第一条帆布工装短裤。这种工装裤诞生以后，果然受到了众多矿工的青睐，这就是现在风靡全世界的牛仔裤的前身。

过了些日子，一位从远方来看望施特劳斯的朋友见到工人们购买工装裤的情景，向他建议道：“我认为，你应该聘请一些有丰富经验的裁缝，先把裤子重新设计一番，再投入一些资金，并进行相应的广告宣传，然后把它们完全推向市场。”有经济头脑的施特劳斯又立即接纳了朋友的建议，果真把经过重新设计的裤子推向了市

场。令施特劳斯意想不到的是，这种裤子不但吸引了大批矿工，而且也受到了广大年轻人的喜爱。

见此情况，他引进设备，组装生产线，开始大批量生产这种工装裤——牛仔裤，并利用各种媒体对牛仔裤进行宣传，大谈特谈刚刚兴起的“牛仔文化”。无孔不入的宣传使牛仔裤深入人心，牛仔裤的市场前景越来越光明，销路也越来越好，他的公司因此获得了蓬勃的发展，最后成为世界上的第一个牛仔裤品牌——*Levi's*，直至现在，它也依旧享誉世界，深受人们的追捧和喜爱。

听到切实可行的建议，施特劳斯立即行动了起来，没有半点拖延，这是他成功的一个必要因素。如果他有所拖延，结果可能会大不一样。只要认为是正确的，就应该立即行动。像施特劳斯这样的人不多，所以这个世界上成功的人也只占少数，不拖延，行动起来，你就有可能成为一个成功的人。

火车静止不动时，往它的 8 个驱动轮前各放一块小小的木块就足以使它永远停在铁轨上，而奔跑的列车却可以洞穿 5 英尺厚的钢筋混凝土墙。行动具有强大的威力，每一个日清员工都应该想到就做，马上行动起来。

歌德说得好：“只有投入，思想才能燃烧。一旦开始，完成在即。”绝不拖延，立即行动！这句话是最惊人的自动启动器。任何时刻，当你感到拖延的恶习正悄悄地向你靠近，或当此恶习已迅速缠上你，使你动弹不得时，你都需要用这句话来警醒自己，在一分钟之内动起来。

如果我们能够以“日事日清”的原则去管理和运行我们的工作，用行动消灭拖延症，将会减少很多不必要的麻烦，避免很多过失，极大地提高效率，产生更多的价值与意义。

03.
做高效复命的员工

> 接到新的工作任务，就应该高效复命。诸如“再等一会儿”“明天开始做”这样的语言或者心理意念，一刻也不能在我们的心里存在。立刻去做！从现在开始，用最短的时间拿出工作成果。

在日常工作中，日事日清的员工知道自己的职责是什么，在上司交代工作的时候只有一句话：“是的，我立刻去做！”拖延从根本上就与日事日清、高效复命的员工无关。

西点军校的莱瑞·杜瑞松上校在第一次赴外地服役的时候，有一天连长派他到营部去，交代给他 7 项任务：要去见一些人；要请示上级一些事；要申请一些东西，包括地图和醋酸盐（当时醋酸盐严重缺货）等。

要快速完成这些任务绝非易事。接到任务后，杜瑞松一刻也没有犹豫，他下定决心要把7项任务都完成，虽然他并没有十分的把握。

他去见人、请示、申请物资，果然事情并不顺利，问题出在醋酸盐上。他滔滔不绝地向负责补给的中士说明理由，希望中士能从仅有的存货中分配一点给他。中士刚开始不同意，但杜瑞松一直缠着他。到最后，不知道是被杜瑞松说服了，相信他要醋酸盐确实有重要的用途，还是眼看没有其他办法能够摆脱杜瑞松，总之中士最终给了他一些醋酸盐。

杜瑞松回去向连长复命的时候，连长并没有多说话，但是很显然他是有些意外的，因为要在短时间里完成这7项任务确实非常不容易。

杜瑞松在很短的时间里完成了工作任务，他的高效复命给连长留下了良好的印象。像杜瑞松一样，接到新的工作任务，就应该高效复命。马上列出自己的行动计划，去做！从现在开始，马上行动！在优秀的企业中，上级向下属指派工作，都会对执行者提出复命的时间期限，而员工接到任务后，也会在限定的时间内汇报工作结果或承办情况。可见，高效复命不仅会给个人带来机遇，也会让一个团队更好地运作。

拥有强烈的复命意识和高效的行动力是一个人在职场上成功的关键。职场中，处处都是成功的机会，只要我们在工作中时时坚守复命精神，让高效复命意识牵引我们的行为，并为我们心中的梦全力以赴，就一定能从优秀走向卓越！

萧晓是北京一家公司的一名低级职员，他的外号叫“行动滑板”，因为无论做什么，一旦他接手，就会立刻行动，并用极快的速度完成。后来萧晓被调入了销售部。有一次，公司下达了一项任务：本年度必须完成500万元的销售额。

销售部经理认为这个目标是不可能实现的，私下里他开始怨天尤人，并认为老板太苛刻。只有萧晓一个人在拼命地工作，到离年终还有一个月的时候，萧晓已经全部完成了他自己的销售额。其他人没有萧晓做得好，最终他们只完成了目标的50%。

销售部经理主动提出了辞职，萧晓被任命为新的销售部经理。萧晓在上任后忘我地工作，他的行为感动了其他人，在年底的最后一个月，他们竟然完成了剩下的50%。

不久，该公司被另一家公司收购。当新董事长第一天来上班时，亲自点名任命萧晓为这家公司的总经理。因为在双方商谈收购的过程中，新董事长曾多次光临公司，在那时，这位被叫作“行动滑板”的萧晓先生就给他留下了深刻的印象。

“高效复命！”这是许多成功人士的人生格言。那些工作效率高、做事多，对高效乐此不疲的人，往往会在公司担任高职。你的工作能力和态度越好，报酬和职务也就越高。一旦你养成“高效复命”的工作习惯，你就叩响了成功的大门。

当然，坚持高效率地行动是不容易的，但坚持下去你就会发现，这种态度会使你焕发生命激情，你的生活会被改变，你的工作会被肯定，这些都会成为你坚持下去的动力。你会一如既往地用这种态度做事，最后形成一分钟也不拖延，高效复命的好习惯。

在世界500强企业中，“高效复命”是最为关键的理念、行为习惯和价值观之一，同时也是员工们的第一行为准则。优秀的员工都深深懂得，唯有高效复命才能保证一切。他们会根据任务的特质，按照限定的时间进行高效的复命。“四小时复命制”“八小时复命制”等制度的有效运行，是优秀企业文化的集中体现，同时也是员工对复命精神不懈坚守的结果。

04.
第一次就把事情做对

> 第一次就把事情做对，要求我们在一开始就花费更多的时间和投入更多的精力，这样，以后就会省出大量的时间和减少一些不必要的麻烦。

在我们的工作中经常会出现这样的现象：

——5% 的人并不是在工作，而是在制造问题、无事生非，他们是在破坏性地工作。

——10% 的人正在等待着什么，他们永远在犹豫、拖延，什么都不想做。

——20% 的人正在为增加库存而工作，他们是在没有目标地工作。

——10% 的人没有对公司做出贡献，他们是“盲做”“蛮干”，虽然也在工作，却是在进行负效劳动。

——40% 的人正在按照低效的标准或方法工作，他们虽然努力，却没有掌握正确有效的工作方法。

——只有 15% 的人属于正常范围，但效率仍然不高，仍需要进一步提高工作质量。

某广告部经理曾经犯过这样一个错误：由于完成任务的时间比较紧，他在审核广告公司的样稿时不够细心，在发布的广告中弄错了一个电话号码——服务部的电话号码错了一个数字。就是这么一个小小的错误，给公司带来了一系列的麻烦和重大损失。后来这位经理发现了这个错误，他不得不耽误其他的工作时间并靠大量加班来弥补。同时，还让上司和其他部门的同事陪他一起忙了好几天。幸好错误发现得及时，否则造成的损失必将进一步增加。

第一次没有把事情做对，不仅会给自己的工作带来很大麻烦，还会给上司和同事带来工作上的不便，严重时还会给公司造成经济损失或形象损失。对于上司安排你去做的事情，如果你不去做，上司就要去做，如果你做不到位，上司就要返工。从管理角度来说，公司花了高薪聘请你的上司，成本是你的十倍以上；从经济意义上来说，他花一小时完成的事，你花一天的时间完成也值。同样的道理，一件小事，你花一个小时做完交给他，当他发现不完善的地方，再花半个小时补充、修改，如果这样，还是你费半天时间把事情第一次就做好来得合算。你把小事做到位了，你的工作效率就提高了。

所以，只要在工作完成之前想一想出错后可能给自己和公司带来的麻烦、造成的损失，就能够理解“第一次就把事情做对”这句话的重要性了。

“第一次就把事情做对”是著名管理学家克劳斯“零缺陷”理论的精髓之一。对于管理者来讲，要想让员工把事情做对，就要让他们知道什么是对的，如何去做才是对的。在给出做某事的标准之前，我们没有理由让别人按照我们自己想当然的“对”的标准去做。

一次工程施工中，师傅们正在紧张地工作着。一位师傅需要一把扳手，他对身边的小徒弟说：“去，给我拿一把扳手。”小徒弟飞奔而去。师傅等了许久，小徒弟才气喘吁吁地跑回来，拿回一把巨大的扳手说：“扳手拿来了，真是不好找！”

可师傅发现这并不是他需要的扳手，便生气地说：“谁让你拿这么大的扳手呀！”小徒弟没有说话，但是显得很委屈。这时师傅才发现，自己叫徒弟拿扳手的时候，并没有告诉徒弟自己需要多大的扳手，也没有告诉徒弟到哪里去找这样的扳手。自己以为徒弟应该知道这些，可实际上徒弟并不知道。于是师傅明白了，发生问题的关键在于自己，因为自己并没有明确告诉徒弟做这件事的具体要求和途径。

第二次，师傅明确地告诉徒弟，到某间库房的某个位置，拿一个多大尺码的扳手。这回，没过多久，小徒弟就拿着他想要的扳手回来了。

第一次就把事情做对，是公司对员工的期待，它时时刻刻警醒员工们，要尽最大的可能，在接受每一个任务时，都抱着“第一次就做对”的态度。

第一次就把事情做对，是保证产品品质的要求。只有“第一次就做对”，才能尽可能减少废品，保证质量。

第一次就把事情做对，需要员工有扎实的职业技能基础，需要员工对“第一次”从事的工作有充分的准备。

如果企业在招聘人才时，没有第一次就找到“对”的人来为企业工作，接下来就可能会不停地为这个“不对”的人惹的“麻烦”进行处理和善后，也需要为他不能和企业成员融洽相处等各种“后遗症”疲于奔波。为其收拾残局所花费的时间和心力，比当初谨慎选择一位适合的人才，要多 10 倍甚或 20 倍。因此，我们怎能不在第一次就把事情做好呢?

第一次就把事情做对，要求我们在一开始就花费更多的时间，投入更多的精力，这样做，以后会省去大量用来弥补失误的时间，避免一些不必要的麻烦。对企业来说，节省一些冗繁的作业流程，可以减少大量的人力物力的投入，降低成本；对员工个人而言，一开始就应该把读每份文件当成是最后一次审阅，在看完之后，就把它们分类放置，归档在合适的数据中，这样，既节省了时间，又能提高效率。

05.
把工作完成在昨天

> 日事日清的员工都会牢记工作期限，并非常清楚，最理想的完成任务日期是昨天。在人才竞争激烈的公司里，要想立于不败之地，必须树立“把工作完成在昨天”的工作理念，并将其运用到实际工作中去。

有一次，李·雷蒙德和助手到公司各部门巡视工作。他们到达休斯敦一个加油站的时候已经是下午3点了，但李·雷蒙德却看见油价告示牌上公布的还是昨天的数字，并没有按照总部指令将油价下调5美分/加仑。他十分恼火，立即让助手找来了加油站的主管约翰逊。

远远地望见这位主管，他就指着报价牌大声说道：“先生，你大概还熟睡在昨天的梦里吧！要知道，你的拖延已经给我们公司的荣誉造成很大损失了！因为我们收取的单价比我们公布的单价高出5美分，我们的客户完全可以在休斯敦的很多场合贬损我们的管理水平，我们公司也会因此成为笑柄。”

意识到问题的严重性，约翰逊连忙说道：“是的，我立刻去办。”

看见告示牌上的油价得到更正以后，李·雷蒙德面带微笑地说：“如果我告诉你，你腰间的皮带断了，而你却不立刻去更换它或者修理它，那么，当众出丑的只有你自己。这是与我们竞争财富排行榜第一把交椅的沃尔玛商店的信条，你应该记住。”

然后，李·雷蒙德和助手一起离开了加油站。从此之后，那位主管约翰逊做事再也没有拖拖拉拉。

商场就是战场，工作就如同战斗。任何一家公司要想在市场上立于不败之地，就必须拥有一支高效能的战斗团队。任何一位经营者都知道，对那些做事拖延的人，是不能给予太高期望的。

成功存在于“把工作完成在昨天”的速率之中，如果每次老板的嘱咐你都能尽快处理，你必会备受他重视。

比尔·盖茨说过这样一句话：“过去，只有适者能够生存；今天，只有最快处理事务的人能够生存。”

日事日清的员工都会牢记工作期限。在人才竞争激烈的公司里，要想立于不败之地，必须树立“把工作完成在昨天”的工作理念，并将其运用到实际工作中去。不要把工作战线拉得太长，而是要尽快完成各项任务——当然，必须保证工作完成的质量。

任何时候，都不要自作聪明地去设计工作，期望工作的完成期限会按照你的计划而后延。成功人士都会谨记工作期限，明白在所有老板的心目中，最理想的任务完成日期是昨天。

某公司老板要赴海外公干，且要在一个国际性的商务会议上发表演说。他身边的几名要员于是忙得头晕眼花，要把他赴海外公干所需的各种物件都准备妥当，包括演讲稿。

在老板出发的那天早晨，各部门主管都来送机。有人问其中一个部门主管："你负责的文件打好了没有？"

对方睁着那惺忪睡眼，道："昨晚加班到12点还是没做完，实在熬不住睡着了。反正我负责的文件是以英文撰写的，老板看不懂英文，在飞机上不可能复读一遍。待他上飞机后，我回公司把文件做好，再以电讯传去就可以了。"

转眼之间，老板驾到，开口就问这位主管："你负责预备的那份文件和数据呢？"这位主管按他的想法回答了老板。老板闻言，脸色大变："怎么会这样？我已计划好利用在飞机上的时间，与同行的外籍顾问研究一下报告和数据，你竟然没有做好！"

天啊！这位主管的脸色一片惨白。

工作完成的最佳时间是昨天，这听起来很荒谬，但却是保持恒久竞争力不可或缺的因素，也是唯一不会过时的东西。如果一个员工能将工作完成在"昨天"，那他永远都是成功的，且具有不可估量的价值，将会征服任何一个老板。

千万不要愚蠢地像案例中的那位主管一样，把昨天就能完成的工作拖延到今天甚至明天。而如果你已完成，就不要愚蠢地等到老板开口询问时，才匆忙呈上自己的劳动成果。在慌乱中复命，必会在印象上大打折扣。

特别在新世纪的今天，商业环境的节奏正在以令人炫目的速度变化着。大至企业，小至员工，要想立于不败之地，都必须奉行“把工作完成在昨天”的理念。

作为老板，百分之百是“心急”的人。为了生存，他们恨不能把每一分钟分成八瓣。按他们的速度预算，罗马三日建成也算慢。所以，要老板花时间等你的工作结果，比浪费金钱更让他心痛，因为他白白失去了许多时间，而在这段时间内他能想到的业务计划，可能价值连城。平心而论，没有哪个不讲效率者能成为老板，也没有哪个老板能长期容忍办事拖沓的员工。你要想在职场中一路顺风，受人青睐，最实际的方法，就是满足老板的愿望，让手中的工作消化在“昨天”。也就是说，老板交代的工作要在第一时间完成，让老板放心。

作为公司的一员，任何时候，都不要自作聪明地设定延后的工作期限，而是应该制定出比老板要求的还要苛刻的期限来督促自己，以更快更好地完成工作。一个总能在“昨天”完成工作的员工，一定是成功且有效地利用了每一分每一秒。如果你以拖延的态度虚度现在的时光，就会永远失去这一段本可以很有价值的时间。

06.
把握当下才能高效

> 昨天是张作废的支票，明天是尚未兑现的期票，只有今天是现金，具有流通的价值。聪明的人选择活在当下，今日事今日毕，绝不在拖延中让理想搁浅。

“迪斯忠告”的提出者是美国著名作家迪斯。他以自己创作的经验告诉我们，做事高效的一大关键在于把握好现在。昨天过去了，今天只做今天的事，明天的事暂时不管，这才是明智的做法。

然而在生活中，我们有过许多这样的日子：我们常常为昨天的失落而耿耿于怀，又常常为明天的美丽而斗志昂扬。然而，或许你觉察不到，就在这埋怨与幻想当中，就在这追悔与兴奋当中，我们失去了最宝贵也最容易失去的今天。昨天是失去的今天，明天是未来的今天，只有今天，才是我们真实拥有的。

中外无数成功人士的实例证明，只有把握好今天，才能走出昨天，开创明天。昨天是张作废的支票，明天是尚未兑现的期票，只有今天是现金，具有流通的价值。智者选择活在今天，今日事今日毕，绝不在拖延中让理想搁浅。

你看过美国影片《阿甘正传》吗？这部荣获第67届奥斯卡最佳影片、最佳男主角、最佳导演、最佳剧本改编、最佳剪辑、最佳视觉效果等6项大奖的电影，向我们讲述的就是主人公阿甘只把握今天，从而创造了自己人生一个接一个辉煌的故事。

阿甘是个智商只有75的低能儿，但是在母亲的关怀和鼓励下，他很早就走出了自卑的阴影，执着地把握着每天的生活。当在学校遭到同学的欺侮时，他用奔跑来对付他们。

正是这种奔跑，使他顺利地跑进了一所学校的橄榄球场。在橄榄球赛中，他从不想自己是个低能儿，只是在每场球赛中用最快的步子甩掉对手。这种执着把他送进了大学，他成为大学里的橄榄球巨星，还受到了肯尼迪总统的接见。

在入伍去了越南的战场后，阿甘不管别人对战争有多么的仇视，他只认为自己应该做好的就是今天的事，因而对国内的高昂反战情绪毫不理会。同样，执着又成就了他，他作为英雄受到了约翰逊总统的接见。

阿甘有一个青梅竹马的玩伴珍妮，两人互相喜欢，但珍妮更向往一种有激情的生活，这是阿甘不能给她的，于是她出走了。阿甘很爱珍妮，珍妮的出走让阿甘很伤心，但阿甘并没有就此放弃自己的生活。他依然按自己的想法，按部就班地做一件又一件事。

他从不想自己的明天会怎样，只是每天坚持做着自认为该做的事。而恰恰是这种放松的心态，让阿甘取得了一个又一个别人难以获得的成绩：他先是成为了美国的乒乓球巨星，直接参与了中美两国的乒乓外交活动，并受到了总统的接见；后来，他又成为一个捕虾公司的老板，并成为百万富翁。有一天，珍妮回来了，但在和阿甘共同生活了一段时间后，她再次离开。阿甘突然觉得自己想跑，于是他开始奔跑，这一跑就横越了整个美国，他又一次成了名人。

正是凭着这种只把握今天的执着，阿甘创造了自己人生的辉煌。

阿甘的故事感动了一代人，而且至今仍在给观众带来心灵上的震撼。当下是一种难以捉摸而又与你形影不离的东西，如果你沉浸其中，便可得到一种美好的享受。因此，你应该充分享受现在的每分每秒，而不必过分考虑已过去的往日和自然会到来的明天。抓住现在的时光，这是你能够有所作为的唯一时刻。

著名小说家亨利·詹姆斯在《大使们》一书中有如此忠告："尽情地生活吧，否则，就是一个错误。你具体做什么都关系不大，关键是你要生活。假如没有生命，你还有什么呢？……失去的就永远失去了，这是毫无疑义的……所谓适当的时刻就是人们仍能有幸得到的时刻……生活吧！"

托尔斯泰书中的伊凡·伊里奇曾认真回顾自己的一生："如果我到目前为止的整个生活都是错误的，那该怎么办？他忽然意识到以前在他看来完全不可能的事也许的确是真的——他也许真的没有按照他本应做的那样去生活。他忽然意识到，自己以前那些难以察觉的念头——尽管出现之后便立即被打消——或许才是真实的，而其他一切则是虚假的。他的职业义务、他的生活以及家庭的整个安排，还有他的一切社会利益和表面利益，也许完全都是虚无的。他一直在为这一切进行着辩解，然而现在，他蓦然感到自己的辩解是苍白无力的。没有什么值得辩解的……”

如果你像伊凡一样思考，你将发现自己很少会因为做了某事而感到遗憾。恰恰相反，正是那些你所没做的事情才会使你耿耿于怀。这样，你现在应该去做的事情就十分明显了——行动起来！想到就做！珍惜现在的时光，充分利用现在的时光，一分一秒也不要放过。

第三章

核心：学会时间管理法

01.
二八法则：重要工作重点做

> 二八法则告诉人们一个道理，那就是要把自己的时间和精力放在最重要的事情上，这样就可以用更少的时间做更多的事。

1897 年，意大利经济学家帕累托偶然注意到英国人的财富和收益模式，于是潜心研究，后来提出了著名的二八法则。二八法则告诉人们一个道理，那就是要把自己的时间和精力放在最重要的事情上，忙到点子上，这样就可以用更少的时间做更多的事。

理查德·科克在牛津大学读书时，学长告诉他千万不要一页一页地认真读书："要尽可能看得快，没有必要把一本书从头到尾全部读完，除非你是为了享受读书本身的乐趣。在你读书时，应该领悟这本书的精髓，这比读完整本书有价值得多。”这位学长想表达的意思实际上是：一本书 80% 的价值，其实在 20% 的页数中就已经阐明了，所以想要领悟这本书，只要看完整部书的 20% 就可以了。

理查德·科克很喜欢这种学习方法，并在之后的学习生活中一直使用它。牛津并没有一个连续的评分系统，课程结束时的期末考试就是验证学生在学校学习情况的。理查德·科克发现，只要分析了过去的考试试题，把所学知识的 20%，甚至更少与课程有关的知识准备充分，就有把握回答好试卷中 80% 的题目。这就是为什么专精于一小部分内容的学生可以给主考官留下深刻的印象，而那些什么都知道一点但没有一门精通的学生却不能让考官满意。这项心得让他并没有披星戴月终日辛苦地学习的情况下，却依然取得了很好的成绩。

毕业后，理查德·科克进入壳牌石油公司工作，但他很快就意识到，像他这样既年轻又没有什么经验的人，最适合的行业也许是咨询业。于是他辞职去了费城，并且比较轻松地获取了 Wharton 工商管理的硕士学位，随后加盟了一家顶尖的美国咨询公司。从上班的第一天起，他领到的薪水就是在壳牌石油公司时的 4 倍。

就在这里，理查德·科克发现了许多二八法则的实例。咨询行业 80% 的成长来自专业人员不到 20% 的公司。当他离开第一家咨询公司跳槽到第二家的时候，他惊奇地发现，新同事比以前公司的同事更有效率。怎么会出现这样的现象呢？原来，新同事并没有更卖力地工作，他们只是在工作中充分利用了二八法则。不久，理查德·科克确信，对于这里的咨询师和他们的客户来说，努力和报酬之间没有什么关系，即使有也是微不足道的——关键在于效率，在于能够用更短的时间更好地解决最重要的事情。

取得卓越成果的员工都会选择把时间用在最具有“生产力”的地方。像理查德一样，工作中有许多人都是实行二八法则的典范。

杰克是公司里除了创立者之外，唯一一个不是工作狂的人。没有人知道杰克是如何利用时间的，也不知道他的工作时数究竟是多少，但他的确逍遥自在。他只参加重要客户的会议，把所有精力都用来思考如何在与重要客户的交易中增加获利，然后再安排用最少的人力达成此目的。杰克的手上从未同时有三件以上的急事，通常一次只有一件，其他的则暂时摆在一旁。

詹森的办公室很小，里面还有很多其他同事，拥挤且嘈杂，有人打电话，有人正准备着向客户做报告，屋子里到处是声音。但詹森总能把注意力集中在分内的事情上，他总是更注重工作前的准备工作。有时他会带几位同事到安静的房间里，向他们解释对每一个人的要求，不只是讲一两遍，而是再三说明，务求交代所有细节，然后他会要求同事重述一遍他们即将进行的工作。詹森的动作慢，看似毫无生气，但他是非常棒的领导者。他把所有时间都用来思索哪件工作最具价值，谁是最合适的执行者，然后他会紧盯事情的进度。

哈维是某公司的部门主管，他因患心脏病，遵照医生嘱咐每天只工作三四个小时。但他很快就发现，他在这三四个小时里所做的事，无论是在质上还是在量上，都与以往每天花费八九个钟头所做的事差不多。对此，他能做出的唯一解释便是：既然他的工作时间

被迫缩短，那么他只好将时间花在最关键的工作上，这或许就是他得以维持工作效能与提高工作效率的主要原因。

你应该把时间花在关键的少数问题上，因为解决这些关键的少数问题，意味着可以花费 20% 的时间取得 80% 的成效。这是高效员工的必备法则，掌握这个法则，效率就会大大地提高。只有养成做要事的习惯，对最具价值的工作投入充分的时间，工作中重要的事才不会被无限期地拖延。这样，工作对你来说就不是一场无止境、永远也赢不了的赛跑，而是可以带来丰厚收益的活动。

02.
化零为整，充分利用零碎时间

> 如果我们把一辈子的零碎时间都加起来，这些零碎时间将占据我们人生的三分之一。如果可以充分利用这些零碎时间，那么我们创造出来的价值将会超出人们的想象。

我们每个人每天都有很多零碎时间，因此可以用这些零碎时间来做零碎的工作，从而最大限度地提高工作效率。比如在车上时，在等待时，都可以学习、思考，或者简单地计划下一个行动等。充分利用零碎时间，短期内也许没有什么明显的感觉，但经年累月，将会有惊人的成效。

费尔巴哈曾说："在空间中，部分小于整体，但相反，在时间中，至少在主观上，部分大于整体。因为在时间中只有部分是现实的，而整体只是想象的对象。现实中的每 1 分钟，对我们来说是比想象中的 10 年更大更长的一段时间。”在日常生活中，人们一般不注意零碎时间，总是会在不经意间把这些时间浪费掉，但是，如果我们把这些零碎的时间都加起来，这些零碎的时间将占据我们人生的 1/3。如果可以充分利用这些零碎时间，那么我们创造出来的价值将会超出人们的想象。想象一下，如果一个人一天学习一小时，从 16 岁到 70 岁可以学习将近 2 万小时，而如果我们每小时能读 10 页书，那我们就可以读 20 万页，堆起来有两层楼房那么高。由此，我们可以看出零碎时间积累起来是多么惊人！

陈杰是一家超市的员工，每天从早晨 8 点一直忙到下午 5 点，经常是没到下班的时候，他就已经累得筋疲力尽了。他对自己的这份工作不是很满意。为了有更好的发展，他想去考注册会计师资格，但在此之前，他从未接触过会计学的知识，可想而知，要达到他的目标难度有多大。

起初，陈杰对于时间管理也是毫无头绪，不知道该怎么办。但他很快就发现，有大量的时间在无意识之间就从自己身边溜走了！比如，他是早晨 6 点起床的，在做早餐等水开的这段空闲时间里，他有时候是站在厨房里等待，有时候是在屋子里来回转悠。发现这一点之后，他开始利用这段时间复习前一天学过的知识，结果效果相当好！他决定再接再厉，利用起更多的零碎时间。

他原来从住处到公司需要 1 小时，后来了为节省时间，他搬到了距离公司较近的地方，这样每天上班只需要 20 分钟就可以了，于是他省下了 40 分钟。

原先他上班时在车上就是无所事事地等待，现在他把这段时间也充分利用起来——在这段时间里他可以看10多页书呢！

中午超市有90分钟吃饭时间，陈杰只要花20分钟就可以吃完了，于是他把剩下的吃饭时间也利用了起来！

原来下班回到家后，陈杰总是强打精神坐在桌子前面看书。现在，陈杰选择在回家之后先躺在床上听15分钟音乐放松精神，然后再开始学习，待学习累了再去做晚饭，这样他就可以一边做饭一边休息。吃完饭，他又接着学习。

这样几个月之后，陈杰取得了注册会计师资格。现在他马上就要去一家会计事务所上班了，工资是原来的好几倍！

从陈杰的例子可以看出，只要留意一下自己的零碎时间，并把它们都充分利用起来，我们将会完成很多事情。

美国近代诗人、小说家和出色的钢琴家艾里斯顿善于利用零散时间，他的方法和体会值得人们借鉴。

他在自己的回忆录中写道：

当时我大约只有14岁，年幼疏忽，对于爱德华先生那天告诉我的一个真理，我未加注意，后来回想起来，那真是句至理名言，而且从那以后我就从中得到了不可限量的益处。

爱德华是我的钢琴教师。有一天给我教课的时候，他忽然问我：每天要练习多长时间钢琴？我说大约每天三四个小时。

“你每次的练习时间都很长吗？是不是有个把钟头的时间？”

“我想这样才好。”

“不，不要这样！”他说，“你将来长大以后，每天是不会有长时间的空闲的。你可以从现在就养成习惯，一有空闲就几分钟、几分钟地练习，比如在你上学以前，或在午饭以后，或在工作时休息的间隙。把小的练习时间分散在一天里面，这样弹钢琴就成了你日常生活中的一部分了。”

当我在哥伦比亚大学教书的时候，我想兼职从事创作，可是上课、看卷子、开会等事情把我白天、晚上的时间完全占满了。差不多有两个年头我不曾动笔，我的借口是没有时间。后来我想起了爱德华先生告诉我的话，于是到了下一个星期，我就把他的话实践起来了。只要有五分钟左右的空闲时间，我就会坐下来写一百字或短短的几行。

出人意料，在那个星期的终了，我竟有了相当数量的稿子准备做修改。

后来我用同样积少成多的方法，创作长篇小说。我的教学工作虽一天比一天繁重，但是每天仍有许多可以利用的零碎时间。在写作之外我同时还练习钢琴，而每天小小的间歇时间，已足够我额外从事创作与弹琴两项工作了。

艾里斯顿的经历告诉我们，生活中有很多零散的时间是可以利用的，如果你能化零为整，那你的工作和生活将会更加轻松。

不要认为零碎时间只能用来做些不大重要的杂事，即便是最优先的工作也可以利用这少许的时间去完成。如果你按照“分阶段法”，把主要工作分为许多小的“立即可做的工作”，就随时可以做些费时不多却很重要的工作了，而这给你带来的好处是不言而喻的。

03.
只要去挤，时间总会有的

> **时间就像海绵里的水，是能挤出来的，它的弹性很大，会挤的人总能比别人多出很多可利用的时间。**

作为一位母亲和一名世界顶尖的科学家，居里夫人每天要洗衣、做饭、照料孩了、教育孩子，同时还要在实验室里进行一项近代科学史上最重要的研究。两种身份让她异常忙碌，但她却能够两次获得诺贝尔奖，这与她善于挤时间、做事高效率是分不开的。

时间就是生命，在我们每天的忙忙碌碌中，时间在不经意间就溜走了，这样看来，其实我们每天都在浪费时间。鲁迅先生说，时间就像海绵里的水，只要挤总会有的。时间的弹性很大，会挤的人总能比别人多出很多可利用的时间。

苏珊受聘于一家顾问公司，她每年平均处理130宗案件，而她的大部分时间都是在飞机上度过的。苏珊认为和客户保持良好的关系非常重要，所以她常在飞机上给客户写邮件。她说：“我已经习惯这样了，这有什么坏处呢？”一位等待取行李的旅客对她说：“在近3个小时的时间里，我注意到你一直在写邮件，你一定会得到老板的重用。”苏珊笑着说：“我早已是公司的副总了。”

要想成为日事日清的高效员工，就必须学会挤时间。正如苏珊所说：“用等人、等车以及旅程中的时间来看书、听广播、酝酿计划。不要浪费看电视的时间，可以一边看一边擦鞋、健身。要善于合理搭配工作，挖出那些隐藏的时间。若有重要工作急需完成，便应远离他人，独自在一角静静地专心工作。这样坚持下去，你会慢慢发现，你做事会变得更从容有序。”

那么，应该如何挤时间呢？下面这几种方法可供参考：

1.节省和利用途中的时间。

我们每天会有很多时间被耗费在毫无意义的上下班往返的途中，要想办法把它们利用起来。如果你有能力的话，为什么不把家搬到一个离公司近的地方呢？或者你也可以在离家不远的地方找工作。如果实在不行，那就想想在上班途中可以做些什么。读书？做一天的工作计划或总结？总之，不要让这段时间白白流逝。

2.不要允许别人来打扰。

如果有某个人走进了你的办公室，这并不在你的日程安排之内，而他只是想和你谈谈与工作无关的某些事情，那么你应该毫不客气地立刻拒绝他。

3. 从办公桌上挤出隐藏的时间。

你可以在不同的地方进行思考、企划、组织以及时间安排等工作，可是你一天中的例行工作，很可能是必须集中在一张办公桌上，或是集中在工作场所里的某个定点上完成的。如果能把你的办公桌布置得很有条理，把那里变成一个具有高效率的个人工作站，并使它高度配合你的需要，那么，你的时间可能就会因此节省很多。

4. 优化自己的工作结构。

会挤时间的人通常要运用统筹方法优化自己的工作结构。例如，你可以在上下班途中思考工作安排，在活动期间充分结交朋友，在聊天过程中寻求商业机会，等等。

04.
改变观念，保证工作热情

> 对我们的工作倾入全部的热情，精神饱满地去迎接每天的工作，以最佳的精神状态去发挥自己的才能，充分发掘自己的潜力，就能做到日事日清。

精神状态会如何影响工作，不是每个人都清楚，但是我们都知道，没有人愿意跟一个整天提不起精神的人打交道，也没有哪一个领导愿意提拔一个萎靡不振、牢骚满腹的员工。

微软的招聘官曾指出:“从人力资源的角度来讲，我们愿意招的员工，首先要是一个非常有激情的人，他要对公司有激情、对技术有激情、对工作有激情。这样的人可能在这个行业涉足不深，年纪也不大，但是和他谈完之后，你就会受到感染，愿意给他一个机会。”

刚刚进入公司的员工，自觉缺乏工作经验，为了弥补不足，常常早来晚走，斗志昂扬，就算是忙得没时间吃饭也依然很开心，因为他觉得工作有挑战性，在工作中的感受也是全新的。这种激情四射的状态，几乎每个人在初入职场时都经历过。可是，这种对工作的激情来自新鲜感，也来自对工作中可预见问题的征服感，一旦新鲜感消失，工作变得驾轻就熟，激情往往也就会随之减弱，一切就开始平平淡淡，昔日充满创意的想法消失了，每天的工作只是应付了事。这时人会变得既疲倦又无奈，不知道自己的方向在哪里，也不清楚究竟怎样才能找回令自己心跳的激情，就这样，一个在领导眼中前途无量的员工，慢慢变成一个只能算得上是比较称职的员工了。

良好的工作状态是我们责任心和上进心的外在表现，这是领导期望看到的。在这个社会中，每个人都承受着巨大的有形或者无形的压力，所以就算生活、工作不尽如人意，也不要愁眉不展、无所事事。要学会掌控自己的情绪，让自己变得积极起来。让我们始终对未来充满希望！明天会更好！如果我们乐观，所有事情都是亮色的，包括糟糕的事情；如果我们悲观，所有事情都是灰色的，包括美好的事情。

所以说，保持对工作的新鲜感是保证我们工作激情的有效方法。

可是说起来容易，真正要做到却很困难，毕竟不管什么工作，都有从开始接触到全面熟悉的过程，而一旦熟悉，就必然会产生倦怠。那么要如何消除倦怠，找回对工作的新鲜感呢？

首先，要想对工作有恒久的热情，就必须改变“工作只是一种谋生手段”的认识，把自己的事业、成功和目前的工作联系起来；

其次，保持长久激情的秘诀，就是要不断给自己树立新的目标，主动挖掘新鲜感；最后，要不断重新审视自己的工作，看看有哪些事情可以做更好的处理，然后把想法实施到以后的工作中去。在我们用不断更新的方法解决一个又一个问题、达成一个又一个目标后，自然就会产生小小的成就感，而我们也会因这些成就而受到鼓舞——这就是对工作保持新鲜感和热情的最佳方式。

热爱工作并充满激情，会让我们的内心发生变化，变得越发有信心、有朝气。对我们的工作倾入全部的热情，精神饱满地去迎接每天的工作，以最佳的精神状态去发挥自己的才能，充分发掘自己的潜力，就能做到日事日清。

05.
有序工作，学会制定任务清单

> 制定任务清单对我们做事不拖延有很大帮助。任务清单里要罗列一天的工作量，一件事情完不成就会影响下一件事，所以要严格按照任务清单，按时保质地完成任务，不得有半点拖延。

每天的工作不止一项，而且很多是琐碎的小事，如果东做一样，西做一样，不仅毫无章法，而且效率不高，甚至会完不成任务。有些员工会认为，自己做的都是一些小事，不值得做任务清单，也不需要做规划。但是许多优秀员工的成功经验告诉我们，无论是大任务还是小任务，认真地做一份任务清单，都不会约束我们的行动，还可以提高我们的工作效率。当一天的工作将要结束的时候，对照任务清单认真核对，不仅有助于日事日清，对安排以后的工作也有很大的帮助。

制定任务清单能提高我们工作的针对性，因为清单里罗列了一天的工作量，一件事情完不成就会影响下一件事，这样一来，我们就必须严格按照任务清单去工作，准时准点地完成任务，不得有半点拖延。

但是，任务清单并不是要把一天之中的所有工作都罗列出来，而是要把各个事项有顺序、有技巧地进行排列。那么，如何才能做好一份任务清单呢?

1. 任务要落到纸上。

好记性不如烂笔头，把任务内容记录下来，做起事来有依照，既踏实有条理，也不用担心会漏掉什么工作。平时，我们总是在忙着一件工作的同时还惦记着下一件事，如果把工作都记下来，我们就可以专注于手头的这一件工作，而不会心有旁骛，效率自然就会提高。

我们的大脑就像一个平行的处理器，幕前幕后的工作可以同时进行。写在纸上的事，脑子就会将其转移至幕后，这样就会让我们产生一种潜意识，自觉地知道下一步该干什么事情。当我们利用这种潜意识解决问题时，就会发现它的作用相当惊人。

2. 条目要简单明了。

任务清单是为了把工作量化、细分，让我们的工作有条理，所以清单上的条目一定要简单明了，用一些自己可以理解的关键词进行记录即可，这样不仅一看就明白，还可以节约编写任务清单的时间。

同时，要把任务清单列在一个专门的本子上，而不是记在一些乱七八糟的纸片、桌上的便利贴或是粘在电脑上的字条上。这个本子也不可以随意乱放，而应该随身携带，放在触手可及的地方。

3. 要有完成任务的时间。

做任务清单，就是为了使工作有序进行，所以时间是关键。当我们看到任务时，就应该可以估算出自己大概需要多长时间能完成它，并在任务清单上记录完成该项任务的预计时间。之后的工作中，我们就要严格按照这个时间去完成任务，这样就能让我们不拖延工作，而且也是对我们能力的考验与锻炼。

4. 定期检查完成任务的进度。

早上起床后的第一件事就应是查看任务清单，这是一天工作的开始。如果你确定要做的事都列在了任务清单上，而且有每天固定检查清单的习惯，你就绝不会因为“忘记”而没有完成任务了。

在福布斯二世的书桌上放着一个记录重要事项的本子，这是他个人管理系统的中心。他说：“每当我觉得进退两难时，我就会看看这个本子，以确定使自己动弹不得的事是否真的值得让我为难。”福布斯二世的这个本子是用来记录他的工作事项的，每天通常记有20件事情，包括电话、信件以及他必须口述的一小段专栏文章等。他常告诫他人：“如果你没有一个固定的记事本记录你想要做的事，那么事情将永远无法完成。”

每做完一项工作就可以删除一项，如果没有及时完成，这个任务清单就形同虚设，所以必须严格要求自己，定时检查完成任务的进度。

5. 制定长期性的任务清单。

任务清单不止限于一天的工作量。每个人在工作中要有自己的长远目标，许多善用时间的人都会规划长期的任务清单，他们的长期清单上会规划每一个计划需要花费的时间，然后再通过统筹安排周任务清单、月任务清单，甚至年任务清单来制作每日任务清单。一个成功的业务员介绍经验说，他每个月都会制定任务清单，因为他必须事先知道下个月有哪些重要的客户需要拜访，以便预先为此做准备。

工作都是有连续性的，不要只把眼光放在当下，而是应该放得长远一点。即使不能预知下一步的工作，也可以为自己的学习进行规划。若要成为一个卓越的员工或经理人，就需要先安排相关基础知识的学习和实践，于是就要从总体上计划一下，学习一门课程需要花多长时间，什么时候开始进行实践等；若要以搞发明创造为目标，就得在学习科学理论、向他人求教、动手制作、投入实验等几个步骤分配好时间和精力。

6. 制定整体性的任务清单。

由于个人的工作并非完全孤立，所以必须将任务清单定位在所属部门的目标、公司整体的目标，乃至外界环境的变动上，才能保证个人行程计划的合理性。我们可以依照这些尝试拟订自己的行程表，让自己的工作行程、同事的活动、上司的预定计划、公司的整体动向等事情一目了然。这样一来，我们的工作就有了明确的依照，原本凌乱不堪的各种预定计划，就会变得条理井然。

除了这 6 点之外，制定任务清单也包括对“时间预算”的检查督促。也就是说，我们要经常依照清单上列出的条目，去检查某一短期目标是否能如期完成，或是将完成每件事所花费的时间记录下来。

总之，在工作之前做好计划，列好清单，是快速有序完成工作的保障。正如阿兰·拉金所说："一个人做事缺乏计划，就等于事情的失败。有些人每天早上预定好一天的工作，然后照此实行，他们是有效利用时间的人。而那些平时毫无计划，遇事靠现打主意过日子的人，他们的工作只有'混乱'二字可以形容。"

06.
早睡早起，开发“神奇三小时”

> 珍惜每一分钟，将时间的价值最大化，几乎是每位成功者必修的一课。学会管理时间，才能保证做事的效率。

美国一家权威机构曾对 2000 名职业经理人进行调查研究，结果发现凡是成绩优异的经理，都可以非常合理地利用时间，让无意义的时间消耗降到最低程度。时间对于每个人来讲都是公平的，要想在自己的工作中取得良好的成绩，按时保质地完成任务，就应当充分利用每一分钟，管理好自己的时间。

被人们称为时间管理大师的哈林·史密斯曾经就此提出过“神奇三小时”的概念。他鼓励人们自觉地早睡早起，每天早上 5 点起床，这样可以比别人更早开始新的一天，在时间上就能跑到别人的前面。利用每天早上 5 点至 8 点的“神奇三小时”，你可以不受任何人和事的干扰去做一些自己想做的事。每天早起三小时就是在与时间赛跑，不过你必须要有恒心，养成早起的习惯，这会让你以后受益无穷。

已故诺贝尔和平奖得主特蕾莎修女曾说，现代生活在都市的人最缺乏的、最渴望的就是“心灵的平静”。而早睡早起，利用早上神奇的三小时想些问题、做些重要工作，往往可以捕捉到都市喧嚣忙乱背后的宁静时刻。在这段时间里，绝对没有人或电话来骚扰你，你可以在这个精神最集中、思路最清晰、工作效率最高的时间段里，全心全意去做一些平日可能要花上好几个小时才能完成的工作或事务，并且可以取得很好的成效。而且养成早睡早起的习惯，不仅可以使你一天精力充沛，更能考验你的自律能力，帮你建立一个正面的“自我概念”，增强你的信心。

当然，早睡早起并不是要苛刻地剥削我们的睡眠时间，恰恰相反，早睡早起只是将我们的睡眠及起床时间略微调整，而这有利于我们高效率地利用时间。

如果我们在晚上 10 点睡觉，早上 5 点起床的话，我们的睡眠时间是 7 个小时。而如果我们在午夜 12 点入睡，早上 7 点起床的话，我们的睡眠时间同样只是 7 个小时而已。由此看来，我们在这里提倡早睡早起，运用“神奇三小时”的这个概念，只是非常有策略地将休息和工作的时间对调了一下而已。于是，我们将晚上 10 点至午夜 12 点这段用来看书、看电视、娱乐、聊天、应酬的时间用于睡眠，而原木用来睡觉的早上 5 全 8 点用来做更重要的事情。

只是，如果早起的这“神奇三小时”被再次浪费，那费心早起就没有丝毫用处了。毕竟，研究时间管理之道的人首先必须知道，1 个小时并没有 60 分钟，而只有被利用的那几分钟而已。

第四章

观念：拒绝借口，少点抱怨

01.
没有完不成的任务，只有“完不成”的借口

> 其实职场上没有什么不可能做到的事，要相信你比别的员工更出色，你一定能够承担起任何正常职业生涯中的责任。只要你不把借口摆在前面，就能做好工作。

在墨西哥一个漆黑、凉爽的夜晚，坦桑尼亚的奥运马拉松选手艾克瓦里吃力地跑进了奥运体育场，他是最后一个抵达终点的选手。

这场比赛的优胜者早就领了奖杯，庆祝胜利的典礼也已经结束，因此当艾克瓦里一个人孤零零地抵达体育场时，体育场已经没几个人。艾克瓦里的双腿沾满血污，绑着绷带，他坚持绕完体育场一圈，跑到了终点。在体育场的一个角落，享誉国际的纪录片制作

人格林斯潘远远地看着这一切。在好奇心的驱使下，格林斯潘走了过去，他问艾克瓦里："为什么要这么吃力地跑到终点？"

这位来自坦桑尼亚的年轻人轻声回答："我的祖国从7000英里外派我来，不是让我来听发令枪声的，而是让我来冲过终点的。"

在艾克瓦里心里，完成任务是唯一的目标，而没有任何借口，也是所有日清员工的信条。在他们眼里，没有不能完成的任务，只有"完不成"的借口。

但并不是每个员工都能如此严格地要求自己。借口带来的片刻悠闲使得他们尝到了甜头，于是在不经意间，借口就会脱口而出。

麦克曾是一位深得上司器重的老员工。他业务精通、能言善辩，又极懂周旋，为公司的发展壮大立下了汗马功劳。

一次，因为他的疏忽大意，公司一笔至关重要的业务被对手捷足先登，这给公司造成了极其惨重的损失。事后，他合情合理地解释了失去这笔业务的原因：因为那天他的腿伤突然发作，以至于比竞争对手迟到了半个钟头。虽然失去的业务令公司的损失巨大，但念在麦克以往的工作业绩，上司原谅了他。况且麦克的腿伤是一次出差途中出了车祸造成的，也算是工伤。那次车祸令麦克的一只脚轻微有点跛，但是公司的人都知道，这根本没有影响麦克的形象，也不影响他的工作，如果不仔细看，根本看不出来。

获得了上司的原谅和理解，让麦克窃喜不已，因为他知道失去的业务是一宗比较难办的案子。他庆幸自己的机智，不然万一自己没谈下来，不仅丢了面子，还要被领导批评，降职减薪也大有可能。

从那以后，就易避难、趋近避远成了他的工作作风。他把大部分的时间和精力花在寻找更合理的借口上，找借口似乎成了他工作的主要内容。总之，他已习惯因脚的问题迟到、早退，甚至在吃工作餐时他还经常喝酒，理由是：喝酒可以让他的脚舒服些。以往那个敬业的麦克从人们的视线中消失了。最后，上司终于无法忍受麦克那些冠冕堂皇、源源不断的借口，让他离开原本前途光明的岗位，另谋高就去了。

找借口是世界上最容易的事情之一，把“事情太困难、太昂贵、太花时间”等种种理由合理化，要比相信“只要我们更努力、更聪明、信心更强，就能完成任何任务”的念头容易得多。所以，如果你存心拖延逃避，总能找出理由。

找借口是工作中的一味慢性毒药。一方面，你会因为有借口而让工作变得拖沓，以至没有效率；另一方面，事情一旦出现问题，你不会积极、主动地寻求解决方法，而是会千方百计地寻找借口作为挡箭牌，以掩盖自己的过失，或换得他人的理解和原谅。长此以往，借口成了习惯，人就会疏于努力，不会再想方设法争取成功了。

归纳起来，我们经常听到的借口主要有以下五种：

1. 我从没受过适当的培训来干这项工作。

这其实是在为自己的能力或经验不足而造成的失误寻找借口，

这样做显然是非常不明智的。借口只能让人逃避一时，却不可能让人如意一世。没有谁天生就能力非凡，正确的态度是正视现实，以一种积极的心态去努力学习、不断进取。

2. 我们以前从没那么做过，或这不是我们这里的办事方式。

寻找借口的人都是因循守旧的人，他们缺乏创新精神和自动自发去工作的能力，因此，期望他们在工作中做出创造性的成绩是徒劳的。借口会让他们躺在以前的经验、规则和思维惯性上舒服地睡大觉。

3. 这几个星期我很忙，我尽快做。

找借口的一个直接后果就是容易让人养成拖延的坏习惯。如果细心观察，我们很容易就会发现，在每个公司里都存在着这样的员工：他们每天看起来忙忙碌碌，似乎尽职尽责了，但他们把本应一个小时完成的工作变得需要半天时间甚至更多。因为工作对于他们而言，只是一个接一个的任务，这样的员工会让管理者头疼不已。

4. 我们从没想过要赶上竞争对手，在许多方面人家超出我们一大截。

避免或逃脱责罚是人类的一种强烈本能，多数人在“有利”与“不利”两种形式的抉择中都会选择趋利避害。通过各种“免罪”的借口，人们可以暂时逃脱责罚，保持良好的自身形象。但如果你只愿意接受表扬而不愿承担责任，那么你永远也别指望能改正错误。

5. 他们做决定时根本就没有征求我的意见，所以这个不是我的责任。

许多借口总是把“不”“不是”“没有”与“我”紧密联系在一起，其潜台词就是“这事与我无关”，不愿意承担责任，把本应自己承担的责任推卸给别人。

其实职场上没有什么不可能做到的事，要相信你比别的员工更出色，你一定能够承担起任何正常职业生涯中的责任。只要你不把借口摆在前面，就能做好工作，就能够对工作尽职尽责。

一个被下属的“借口”搞得不胜其烦的经理，在办公室里贴上了这样的标语：“这里是‘无借口区’。”他宣布，9月是“无借口月”，并告诉所有人：“在本月，我们只解决问题，不找借口。”

这时，一个顾客打来电话抱怨该送到的货迟到了，经理说：“的确如此，下次再也不会发生了。”随后他安抚顾客，并承诺补偿。挂断电话后，他说自己本来准备向顾客解释迟到的原因，但想到9月是“无借口月”，就没有找理由。

后来这位顾客给公司总裁写了一封信，赞扬了在解决问题时他得到的出色服务。他说，没有听到千篇一律的托辞令他感到意外和新鲜，他赞赏公司的“无借口”运动是一个伟大的运动。

“拒绝借口”应该成为所有日事日清员工最重要的行为准则，它强调的是每一位员工都应尽自己的努力去完成任何一项任务，而不是为没有完成任务去寻找借口，哪怕是看似合理的借口。其目的是为了让员工学会适应压力，培养他们不达目的不罢休的毅力。它让每一个员工懂得，工作是没有任何借口的，人生也没有任何借口。完美的借口并不会让事情变得更顺利，因此，不找借口，行动起来，把自己的工作做完、做好、做到位，才是日事日清的好员工。

02.
借口使人懒惰，懒惰使人拖延

> 在日事日清员工的字典里没有“懒惰”这两个字。要想日事日清，就必须积极主动地完成任务，就必须勤奋。而对于拖延的人来说，懒惰促成了借口，借口纵容了懒惰。

雁群一年一度的飞行比赛再过几天就要开始了，比赛分为成雁和幼雁两队。雁妈妈要带小雁一起去练习飞行，第一天，小雁说天气太热；第二天，它又说快要下雨了；第三天，它的身体不舒服；第四天，有朋友来找它玩；第五天，它要到花丛中观看蜜蜂表演；第六天，比赛开始了。

小雁一次又一次地找借口不去练习，一直拖到比赛的那一天，可想而知，它不会赢得比赛。借口让它避开了练习却输掉了比赛。细细想来，它寻找借口的根源是懒惰，而我们找的许多借口也是由于懒惰。

古罗马人有两条伟大的箴言，那就是勤奋与功绩。他们的一位皇帝在临终时给子民们留下这样一句遗言："懒惰是一种借口，勤奋工作吧！"这就是罗马人征服世界的秘诀。那时，任何一个从战场上胜利归来的将军都要走向田间，他们一刻也不会让自己闲下来。正是罗马人的勤奋品质，让这个国家逐渐变得富强。

但是，当国家的财富随着人民的勤奋工作慢慢增多时，罗马人开始觉得劳动不必要了，他们停下了手中的活，去享受，去宴饮，谁都不愿再继续劳作了。很快，这个国家就走向了衰败。懒散导致罪犯增多、腐败滋生，一个高尚而伟大的帝国就这样消失在了历史长河中。

在工作上，懒惰的人往往习惯拖沓，他把头一天的工作拖延到第二天、第三天，却总是会准备很多借口来搪塞。有这样的工作习惯，没有人会信任他。

有些人找的借口总是那么理由充分，然而这样的人却难以把工作做好。其实，一个人只要把整天想着如何欺瞒他人的时间和精力用到正事上来，肯定能取得一番成就。他需要做的是把懒惰从他的个性中连根拔除，把找借口从他的思维中完全剔除，因为这种把应该在一周、一月甚至一年前该完成的工作无限拖延下来，然后不断找借口去弥补、去讨别人原谅的习惯，正在一点一点地吞噬着他的生命。如果不把这些习惯彻底改掉，他想要取得任何成就都是十分困难的。

有这样一些人，在别人眼中，他们似乎应该成为一个成功者，但事实上他们没有做到。这是为什么呢？因为他们没有为成功付出相应的代价。他们渴望抵达辉煌的顶峰，但不愿跨过艰难的山路；他们想获得胜利，却又不愿意参加战斗——这怎么可能成功？

懒惰的人总是抱怨自己无能，连自己家人的温饱问题都解决不了。勤奋的人却说："我没有什么天资，只会拼命干活换取面包。"

在日事日清员工的字典里没有"懒惰"这两个字，要想日事日清，就必须积极主动地完成任务，就必须勤奋，而且是做有价值的事情，这样才能日清日高。对于拖延的人来说，懒惰促成了借口，借口纵容了懒惰。要想成功，必须戒掉懒惰，勤奋才是正道。

玛丽大学毕业后来到纽约，想在出版界找份工作，但没有人雇用她。迫于生计，她只得到一家咖啡馆当女招待。

尽管有些不如意，但玛丽毫不气馁，尽自己最大努力干好现在的工作。她认真负责，动作熟练，永远笑脸迎人。过了几个月，有一位常客问她："我想你不是全职做女招待吧？你还做什么工作？"玛丽回答道："我想找一份编辑的工作，因此，我晚上在这里上班，白天出去应征谋职。"恰巧这位客人是一个有名的出版商，他正要找一位聪慧的年轻助理，于是他约见玛丽面谈，最后玛丽得到了这个工作。

玛丽没有以找不到合适的工作为借口而偷懒不工作，而是在努力做一个合格女招待的同时，继续努力寻找梦想的职位。正是因为她的勤奋和不放弃，使得她抓住机遇，从而找到了合适的工作。

不要贪图安逸，那只会让你变得堕落，整日游手好闲只会让你的能力退化。况且一个员工为自己的懒惰找借口，不仅是对工作不负责，更是对自己不负责。日事日清就是要员工做好今天要做的事，并为明天要做的事做好准备，只有这样才能提高效率。如果懒惰就达不到这个目标，而借口只能让你一事无成。

要克服这种恶习，就应该拒绝任何借口，养成主动工作的习惯。为此你可以这样去做：

1. 每天确定一项明确的工作任务，在你的上司尚未指示之前你就主动去做好它。

2. 每天至少做一件对他人有价值的事情，不要在乎是否有报酬。

3. 每天告诉别人养成主动工作习惯的意义，至少告诉一个人，以此作为监督。

只有勤奋工作，你才能获得成功、财富与荣誉，才能获得你所追求的东西。它将给你机会，因为任何一个老板都会赏识勤奋工作的员工，这是一种值得任何人尊敬的美德，走到哪里，它都会为你增光添彩。不要因为遇到困难就打退堂鼓，更不要因此敷衍了事，勤奋将指引你越过所有的艰难险阻，直到成功。

03.
能责己的人必成功，怨环境的人必失败

在挫折与失败面前，我们需要的是对自己的行为进行深刻的反省和剖析，而不是咄咄逼人地指责别人，抑或是一遍又一遍地抱怨环境和命运。解决问题的最佳时机常常在我们的抱怨声中被错过了，事情也会在抱怨声中变得无可挽回。

中国近代学者宣永光曾说：“能责己的人，必成功；怨环境的人，必失败。”大千世界，芸芸众生，每个人的人生际遇都是不相同的。只要你留心周围的人，就会发现有的人成功，有的人失败；有的人常常遇到好机遇，甜多于苦，有的人则总是遭遇坎坷磨难，苦多于甜。

造成人生幸与不幸的根本原因究竟何在？换句话说，人们命运

差异的根源，到底是外界的社会，还是我们自身呢？

对于这一问题的答案，很多人会认为是外部因素。他们认为，人生之所以会有种种不幸，不是因为自己不好，而是因为社会不公。但具有讽刺意味的是，持有这种认识的人往往更容易遭受不幸，而不幸的降临反过来又加重了他们对社会的不满，使他们更加怨天尤人，于是他们便陷入了一种恶性循环。

萧明是一家汽车修理厂的修理工，从进厂的第一天起，他就开始喋喋不休地抱怨，什么“修理这活太脏了，瞧瞧我身上弄的”，什么“真累呀，我简直讨厌死这份工作了”等。每天萧明都是在抱怨和不满的情绪中度过的，他认为自己在受煎熬，在像奴隶一样出卖苦力。因此，萧明每时每刻都窃视着师傅的眼神与行动，稍有空隙，他便偷懒耍滑，应付手中的工作。

转眼几年过去了，当时与萧明一同进厂的3个工友已各自凭着精湛的手艺，或另谋高就，或被公司送进大学进修，唯有萧明，仍旧在抱怨声中做着他讨厌的修理工作。

抱怨最终的受害者是自己。在现实生活中，有太多人受过很好的教育，并且才华横溢，但在公司里却长期得不到提拔，这主要是因为他们不愿意自我反省，总是怀疑环境，对工作抱怨不休。

工作中时常会有这样的情况：一项任务交代下来后，如果上司不追问，十有八九会不了了之；有些事情，如果上级不跟踪落实，就很难有令人满意的反馈；还有的人面对布置的工作常常只会睁大眼睛，满脸狐疑地反问上司：“怎么布置这样的工作？我不会做啊！”

喜欢抱怨的人不会积极想办法解决问题，他们不认为主动独立完成工作是自己的责任，不反省自己的工作态度，却将诉苦和抱怨视为家常便饭——他们根本不知道被公司重用是建立在认真完成工作的基础上的。他们整天应付工作，不停地抱怨，结果就是失去工作的动力，不能全身心地投入工作，当然，最终结果就是他们不可能在工作中取得斐然的业绩，也会失去升迁和加薪的机会。

在挫折与失败面前，在生活与工作不尽如人意的时候，我们需要对自己的行为进行深刻的反省和剖析，而不是咄咄逼人地指责别人，抑或是一遍又一遍地抱怨环境和命运。解决问题的最佳时机常常在我们的抱怨声中被错过了，事情也在抱怨声中变得无可挽回。

人与人之间的天壤之别，在任何地方、任何时间、任何国家、任何社会、任何时代都是存在的。而造成这种差别的原因，并非人们外在条件的不同，而是人与人之间自我经营的不同。对于任何情形，日事日清的员工都必须坦然地接受，多责怪自己，少埋怨环境。只有这样才能潜下心来，把工作做得更好。

日本“经营之神”松下幸之助年轻时曾经在一家电器商店当过学徒，在这家店里帮工的还有另外两个学徒，他们都是同时进入这家商店的。开始时，三人薪水很低，另两个学徒时常发牢骚和抱怨，对工作也日渐马虎起来。

松下以前从来没有做过电器方面的工作，到这家电器商店工作后，面对那么多的电子产品，他感到了自己的无知。于是他每天都比别人晚下班，用这些时间阅读各种电子产品的说明书；在另外两个同事外出休闲的时候，他却参加了电器修理培训班。他花了大量的时间在学习电器知识上面，因为他决心用学习让自己成为这方面的行家。即便他的两个同事在嘲笑他，也没有阻止他继续学习的决心。

终于，通过不断的努力，他从一个对电器一窍不通的学徒变成了一个能够给顾客清楚地讲解电器知识的专家，还可以自己动手修理与设计电器。这一切努力都没有白费，店主将这些都看在眼里，他对松下先生的这种学习精神非常赏识，不久便将松下由普通学员提升成了正式员工，并且将店里的很多事情交给他处理，这为松下先生以后的创业打下了基础。与之相反，松下先生的两个同事却因为一直没有学识上的进步，最终被商店解雇了。

松下取得事业的成功与他不埋怨环境，从自己身上找原因有密切的联系。“与其诅咒黑暗，不如点起一支蜡烛”，这句话是克里斯托弗斯的座右铭，它也应当成为指导我们工作和生活的一条准则。诅咒和抱怨什么也改变不了，黑暗和恐惧仍然存在，而且还会因为我们的逃避和夸大而增加解决问题的难度。相反，如果我们能深刻反思，剖析自己和问题本身，专注在解决问题上，而不再去怨天尤人，那么就能找到解决问题的方法，真正做到“日事日清，日清日高”。

04.
自律自控，是对自己负责

> 每一个日清员工都应该严格自律，增强自我控制能力，在不允许妥协的地方绝不妥协，也绝不在工作中找借口。

如果每一个员工都具有强烈的纪律意识，在不允许妥协的地方——比如工作进度、对工作的态度——绝不妥协，绝不找借口，那么，工作便会因此而呈现出一个崭新的局面。

日事日清，就是尊重自己的工作，自觉遵守工作纪律。如果一个人能够以虔诚的心对待工作，甚至对工作有一种敬畏的态度，他就有了日事日清的精神。相反，如果不严格自律，不自我控制，那就没有掌握日事日清精神的精髓。

诙谐作家杰克森·布朗比喻得好："缺少了自律的才华，就好像穿上溜冰鞋的八爪鱼。眼看动作不断却搞不清楚到底是往前、往后，还是原地打转。”如果你知道自己有几分才华，而且工作量也不少，却看不见太多成果，那么你很可能是缺少自律。

自律的员工充满工作激情。有些员工习惯于被动地接受和执行任务，而自律的员工则以工作绩效的最大化为目标，对工作中遇到的问题会主动出手，积极寻求最佳解决方式。

自律是一名员工日事日清的基础，也是让自己更加优秀的金钥匙。如果你想有所作为，那就从自律做起吧。它在任何时候都是衡量你状态的一个标准，从你每天大部分时间都在怎么生活就可以看出你的自控力。韦伯字典上对自律的解释是：“……控制自己或是个人的欲望、行动、习惯等。”如果你觉得自己很软弱，缺少自律和自控力，那么你就很可能会受到外部环境的负面影响，而当你的职业道德、成熟度、自控力和对自己的认识受到考验的时候，你就会失去控制。

大学一毕业，晓菲就顺利进入一家外企在中国设立的分公司，工作并不太忙，公司还派送她去参加报关和相关的物流培训班充电，又有不菲的薪水和较大的发展空间，这些都令她的同学羡慕不已。

公司不大，人尽其才，晓菲渐渐成长为一个合格的销售助理，辅助销售人员做货运、文档方面的工作，有时也可以独当一面了。总经理有英国留学背景，很有“绅士风度”，在公司总倡导大家要和谐团结，保持团队的向心力和稳定性，因此很少对外招聘。晓菲渐渐骄傲起来，对销售人员乃至部门经理安排的事情，要么有选择性地做，要么就干脆抛在脑后，态度甚至有点傲慢。好在晓菲是公司唯一的女性，外表也时尚漂亮，有时跟同事产生矛盾，只要无关原则，总经理也会以“男士要有绅士风度，不要跟女孩子计较”为由，让男同事礼让晓菲几分。

几个月后，晓菲和四个同事一起去参加北京的展会。开展当天，几个同事才发现由晓菲负责的几个文档都被她遗忘在家了。虽说事后有同事的邮件补救，但却使他们的工作小有耽搁，几个同事因此不满地说了她几句。回公司后，晓菲因这事赌气递上辞呈，总经理为稳定团队挽留了她，晓菲因赢得“胜利”而得意扬扬。

可没承想，此后递辞呈成了晓菲的“撒手锏”，一有不如意她就赌气辞职。终于一天，总经理在她的辞职信上签名准许，看着弄假成真的辞职信，晓菲叫苦不迭。

作为一个职场人，应该具备职业道德和自我控制力，如果像晓菲一样，态度消极，总想着钻空子，或是老想着过去，怨天尤人、牢骚满肚，那么就很难控制自己。一旦人的职业道德不见了，负责任的决心也就消失了。

当你能够保持自控力和自律时，你就会在困境中应付自如，因为提高自控力才能做到日事日清，才能做到及时解决问题。这不仅是对工作、对公司负责，更是对自己负责——对自己负责正是自控力的本质。

05.
不是尽力而为，而是全力以赴

> 不是尽力而为，而是全力以赴，只有全力以赴，才能化被动为主动，才能以强大的自信挑战自我，突破原有的极限，创造奇迹。

“尽力而为”和“全力以赴”是两种工作状态，前者并不以结果为导向，而后者则是为了得到一个好结果。我们在工作中选择的是“尽力而为”还是“全力以赴”，会直接决定我们最后获得的是什么样的结果。

曾看过这样一则故事，感受颇深，在这里与大家分享：

一年冬天，猎人带着猎狗去打猎。猎人击中了兔子的后腿，受伤的兔子拼命地逃生，猎狗在后面穷追不舍。可是追了一阵子，兔子跑得越来越远了，猎狗知道实在是追不上了，只好悻悻地回到猎人身边。猎人生气地说："你真没用，连一只受伤的兔子都追不上！"猎狗听了很不服气地解释："我已经尽力而为了呀！"

兔子带着伤成功地逃回家，兄弟们都围过来惊讶地问它："那只猎狗很凶，你又受了伤，你是怎么甩掉它的呢？"兔子说："它只是尽力而为，我可是竭尽全力！它没追上我，回去最多挨一顿骂，而我若不竭尽全力地跑，可就会没命了呀！"

什么是尽力而为？是为了一个目标而努力，但不以得到好的结果为导向。什么是全力以赴？同样是为了一个目标而努力，但却会激发自己的全部潜能，用尽自己的全部力量和智慧，只为了得到一个好的结果。

如果你抱着尽力而为的态度，那么即使问题得不到有效解决，你也会认为无所谓，于是你所得到的结果往往也只能是差强人意的。而如果你抱着全力以赴的心态，则会让工作中的难题迎刃而解，其结果也会是令人满意的。

很多人以为做一件事的时候，无论成功与否，只要尽力而为就行，这也逐渐成了人们掩饰自己失败的借口。牛根生非常喜欢一句话："没有任何借口！"一个全力以赴的人，不会为任何失败寻找开脱的借口，不会为所要达到的目标寻找任何退路，他只会拿出破釜沉舟的勇气同一切困难与阻碍誓死搏斗。因为没有退路，才会迸发潜力，于是绝处逢生。尽力而为，最多只能让一个人发挥出 80% 的能力，而全力以赴却可以让一个人发挥出 120% 的潜能。

健康的猎狗没有追上受伤的兔子，是因为猎狗只是尽力追赶，而兔子却在为了逃命全力以赴地奔跑，所以它才跑出了超出能力范围的速度。

在工作中，许多人也会选择“尽力而为”，并自认为已经做得“相当不错”，至少比逃避问题的人值得称赞。但实际上，当他在说“尽力而为”时，就已经是在为一个坏的结果做打算了。从此他封闭了自己的智慧源泉，不会再为解决问题去努力找方法，即使问题没有得到解决，他也有借口：我尽力了。这些人表面敬业，实则是一群懒惰者。他们懒得思考、懒得实践、懒得总结、懒得创新，最后，也就懒得解决问题。于是，这些曾经“尽力而为”的人也就难免会沦落于平庸。

要想做到日事日清，就必须“全力以赴”。在问题面前主动开启智慧，主动寻找方法，找到能够用到的所有力量，为了一个目标矢志不渝地前进——这样的人才是职场上的精英，才是能为企业创造价值的卓越人士。

马丁·路德·金曾说：“哪怕你是一个注定要扫大街的清洁工，你也要对自己的工作全力以赴，就如同米开朗琪罗作画、贝多芬作曲、莎士比亚创作戏剧那样投入地工作。倾注全力所取得的清洁工作成就，会让每个人都为你驻足赞美，称你是一个杰出的清洁工。”

06.
没有“如果”，只有“如何”

> 把注意力放在“如果”上面是解决不了任何问题的。到了关键时刻，首先要想到的应是“如何”二字，即如何摆脱困境，如何从失败中奋起，如何解决自己面临的问题。

“如果”是一种假设和虚拟，只是一种想象，多半不能实现。有的人在失败以后，经常会把这两个字挂在嘴上，逢人就说“如果当初我不这样就好了”“如果当初我那样做就好了”“如果我有这样一个上司就好了”等。但这不是对失败原因的正确总结，而是一种逃避，一种无可奈何的叹息。这样下去，只能使人意志消沉，却于事无补。

美国一个成功的推销员在回答如何训练推销员时说道：“我教

他们做一个只想‘如何’的人，而不是做一个只想‘如果’的人。”然后他指出了考虑“如何”和只想“如果”之间的差异：“想‘如果’的人，只是难过地追悔一个困难或一次挫折，悔恨地对自己说：‘如果我没有做这或那……如果当时的环境不一样的话……如果别人不这样不公平地对待我的话……’就这样从一个不妥当的解释或推理转到另一个，一圈又一圈地打转，终是于事无补。不幸的是，世上有不少这样只想‘如果’的失败的人。

“而考虑‘如何’的人在麻烦甚至是灾难降临时，决不会浪费精力去追悔过去，他总是立刻找寻最佳的解决办法，因为他知道总会有办法的。他会问自己：‘我如何能利用这次挫折而有所创造？我如何能从这种状况中得出好结果来？我如何能再从头干起，重整旗鼓？’不想‘如果’而只考虑‘如何’，这就是我教给推销员的成功程式。

“考虑‘如何’的人会很有效率地解决问题，因为他知道在困难之中总可以找到价值。他不把时间浪费在没有助益的‘如果’上，而是立刻去思量具有创造性的‘如何’。他排除有破坏力的想法，运用有建设效果的想法，而且他永不放弃。请你相信我。”他最后说：“如果今天世界上有更多只考虑‘如何’的人，你想想看我们会做出多少事来？”

日本矿山大王古河市兵卫在遇到困难和挫折的时候，就是以“忍耐”二字来回答“如何”这个问题的。

古河市兵卫在青年时期受雇于高利贷业者，当收款员。有一天晚上，他到客户那儿催讨钱款，对方毫不理睬，并且干脆熄灯就

寝，一点儿都不把古河放在眼里。古河对他毫无办法，于是忍饥受饿，一直等到天亮。早晨，古河并没有显出一点愤怒，脸上仍然堆满笑容。对方被古河的耐性所感动，立即态度一变，恭恭敬敬地把钱付给了他。

遇到了困难和问题，遭受了失败和挫折，却把注意力放在“如果”上面，是解决不了任何问题的。每每到了这个时候，最为关键的是要想到“如何”二字，即如何摆脱困境，如何从失败中奋起，如何解决自己正面临的问题。当然，每个人遇到的实际问题不同，回答“如何”的答案也不同，但只要多想想“如何”去做，而不是纠缠于“如果”式的各种借口中，克服困难走出失败，就会大有希望。

第五章

态度：认真勤勉，注重细节

01.
认真工作才是真正的聪明

任何一件事情，无论它有多难，只要你认真去做，全力以赴地去做，就能化难为易。一个人能够成功，一定是因为他比较认真；假如一个人还没有成功，那一定是因为他还不够认真。

在职场上，认真工作是真正的聪明，因为认真工作不仅是对工作负责，也是对自己负责。

一家大型公司要裁员了，在公司待了近十年的张莉和陈露不幸都上了裁员名单，被通知要在一个月之后离职。张莉十分气愤，回家后一整夜没有睡着。第二天上班，她逢人就大吐冤情："我在公司待了这么多年，平时兢兢业业，没有功劳也有苦劳，凭什么解雇我呢？”刚开始的时候，其他同事出于同情还会安慰她几句，可张莉老是唠唠叨叨，尤其是她常常含沙射影，仿佛自己被人陷害了似的，看谁都不顺眼，对谁都没有好脸色，闹得大家都怕碰到她，见她来了就远远躲开或绕道而行。张莉还把气发泄在工作上：“反正我在这儿只有一个月了，干好干坏都一个样，干吗还费这个劲儿！”

陈露在看到自己的名字上了裁员名单后，当然也难过了一个晚上，但她之后的态度却和张莉截然不同：“既然只有一个月时间了，不如给大家留下个好印象。”于是，她从不抱怨自己被解雇的事，别人偶尔提起时，她便说是自己能力不足。她还跟同事们道别：“再过些日子，我就要走了，不能再与你们共事了，请多保重。”大家见到她这么重感情，反而更亲近她了。在工作上，陈露的想法是：“在岗一天就应该负责一天，给老板和同事留下美好的回忆，即使我走了，也会有人夸我、想念我。”

一个月很快到了，张莉如期离职，陈露却被老板留了下来。老板说：“像陈露这样对工作认真负责的员工，正是我们需要的，我们怎么舍得让她离开呢？”

无论在什么地方，职场中提升最快的常常是那些工作认真、踏实肯干的人，而那些表现欠佳、应付工作的员工，也往往是裁员时公司最先考虑的对象。

认真就是你用生命、用真实的感情、用全部的热情坚持不懈地去做一件事。我们大家可能都听过这样一句话：“今天工作不努力，明天努力找工作。”换一句话，我们也可以说：“今天你糊弄工作，明天工作就会‘糊弄’你。”

糊弄工作的人往往只是为工资而工作，对自己的工作和事业缺乏长远的规划。这样做不但对老板无益，长此下去对自己也有害。糊弄工作不如不做，这是在浪费时间，会使自己事业的生命日渐枯萎，白白断送自己的前程。相反，那些踏实工作、认真做事的人往往能够从自己的工作中获得最大的益处和提升，当然，他们也常常是老板眼中的“红人”。

任何一件事情，无论它有多难，只要你认真去做，全力以赴去做，就能化难为易。一个人比较成功，一定是因为他比较认真；假如一个人还没有成功，那一定是因为他还不够认真。

但认真不是说要花大量的时间去工作，而是说要在工作的时候用心动脑。你可以把工作当作一个学习的机会，从中了解业务技能、提升个人修养、积累行业经验……长此下去，你不但能够获得很多知识，还可以为以后的工作打下坚实的基础。在工作中投机取巧或许能让你获得一时之利，但却会给你以后的工作埋下隐患。

02.
一次只做一件事

> 一次做好一件事的人比同时涉猎多个领域的人要好得多。

化学家告诉我们，如果把一英亩草地所具有的能量聚集在蒸汽机的活塞杆上，那么它所产生的动力足以推动世界上所有的磨粉机和蒸汽机。但是，因为能量是分散的，所以从科学的角度来说，化学家的这种设想基本上毫无价值。不过这也说明，能量一旦聚焦于一点，将会产生相当大的动力。

世界上最紧张的地方可能要数只有10平方米的纽约中心车站问询处。每一天，车站里都是人潮汹涌，匆匆而过的旅客都争着询问自己的问题，都希望能够立即得到回复。对于问询处的服务人员来说，工作的紧张与压力可想而知，可柜台后面的一位服务人员看起来一点也不紧张。他身材瘦小，戴着眼镜，一副文弱的样子，面对前来问询的旅客们显得轻松自如、镇静自若。

现在，在他面前的旅客是一个矮胖的妇人，她头上扎着一条丝巾，已被汗水湿透，脸上布满了焦虑与不安。问询处的这位服务人员倾斜着上半身，以便能听见她的声音。“你好，你要问什么？”他把头抬高，集中精神，透过他的厚镜片看着这位妇人，“你要去哪里？”

这时，有位穿着入时，一手提着皮箱，头上戴着昂贵帽子的男士试图插话进来。但是这位服务人员好像没看见他似的，只是继续和那妇人说话：“你要去哪里？”

“春田。”

“是俄亥俄州的春田吗？”

“不，是马萨诸塞州的春田。”

他根本不需要再看行车时刻表：“那班车在10分钟之内开，在第15号月台出车。你不用跑，时间还多得很。”

“你是说15号月台吗？”

“是的，太太。”

女人转身离开，这位服务人员立即就将注意力转移到下一位客人——那位戴昂贵帽子的时髦男士身上。但是没多久，刚才的那位太太又回头来问月台号码：“你刚才说的是15号月台吗？”这一次，这位服务人员却集中精神在那男士身上，不再管这位头上扎丝巾的太太了。

有人请教这位服务人员：“能否告诉我，你是如何做到在嘈杂

的人群中保持冷静的呢？”

他回答道：“我并没有和公众打交道，我只是单纯地处理一位旅客的问题。忙完一位，才换下一位。在一整天的工作之中，我一次只服务一位旅客。”

说得多好！“在一整天的工作里，一次只为一位旅客服务。”这话堪称至理！

“一次只做一件事”可以使我们静下心来，心无旁骛、一心一意地去完成手头的工作。倘若我们好高骛远，做着手头的，想着后面的，心浮气躁，什么都想抓，最终也只能像猴子掰玉米一样，掰一个丢一个，到头来就是两手空空，一无所获。

故事中的这位服务人员之所以永远那么轻松自如、镇静自若，就是因为他已经养成了一事一清的好习惯。就像他所说，“我一次只服务一位旅客”。把一件事情做好了，再去做另一件，既不会耽误工作，还不容易混乱，其实就是提高工作效率了。

我们在日常生活中所面对的工作密度，恐怕永远也不会像这个服务员那样吧？但总有人天天风风火火、急急忙忙地工作，然后又不断为自己出的错误返工。为什么我们总是感觉到工作太多，忙不过来呢？一个很大的原因，就是我们没能学会“一事一清”。

古往今来，凡是卓有成就的人都有一个共同点，那就是他们都会将注意力集中在一件事上。专心致志、集中突破，这是他们做事卓有成效的主要原因。著名的效率提升大师博恩·崔西有一个著名的论断：“一次做好一件事的人比同时涉猎多个领域的人要好得多。”除此之外，富兰克林也将自己一生的成就都归功于“在一定时期内不遗余力地做一件事”。

李果在一家广告公司做创意文案工作。一次，一个著名的洗衣粉制造商委托李果所在的公司做广告宣传，负责这个广告创意的好几位文案创意人员拿出的东西都不能令制造商满意。没办法，经理让李果把手中的事务先搁置几天，专心把这个创意文案完成。

之后连着几天，李果都在办公室里摆弄着一袋洗衣粉，她在想：“这个产品在市场上已经非常畅销了，人家以前的许多广告词也非常有创意。那么，我怎样才能重新找到一个点，做出与众不同又令人满意的广告创意呢？”

有一天，她在苦思之余，把办公桌上的那袋洗衣粉又拿在手中翻来覆去地看了几遍，突然间她灵光闪现，想把这袋洗衣粉打开看一看。于是她找了一张报纸铺在桌面上，然后撕开袋子，倒出了一些洗衣粉，一边用手揉搓着这些粉末，一边轻轻嗅着它的味道，寻找感觉。突然，在射进办公室的阳光的照耀下，她发现了洗衣粉的粉末间遍布着一些特别微小的晶体。审视了一番后，证实的确不是自己的眼睛看花了，她便立刻起身，亲自跑到制造商那儿问这到底是什么东西。制造商告诉她这些蓝色水晶体是“活力去污因子”，因为有了它们，这一次新推出的产品才具有了超强洁白的效果，而且不伤手。明白了这些情况后，李果回去便从这一点下手，绞尽脑汁寻找最好的创意，并推出了非常成功的广告方案。广告播出后，这个产品的销量急速攀升。

可见，当你把精力集中在一件事上时，你就会随时工作，随时思考，那么新的创意、新的工作方法就会自然而然地产生，你的工作也会变得更顺利。

订书针是工作中常用到的办公用具之一。当数十页纸摞在一起，即便是锋利的刀也不容易一次性穿过，为什么那短短细细、看起来一点也不坚硬的订书针却能一下子穿透呢？真正的原因，在于它能把所有的力量都集中在两个点上，力量集中，当然就能轻而易举地穿透了。

爱因斯坦有一个朋友名叫贝索，他被爱因斯坦称为是“在全欧洲都找不到第二个的知音”。相对论的创立过程中，他曾经给予爱因斯坦不少启示，乃至被誉为“相对论的助产士”。他思维敏捷，知识渊博，但是他一辈子也没有自己的建树。对此，爱因斯坦曾直言：“我坚信，如果他具有专注的热情，那么他一定能够在科学领域中孕育出一些有价值的东西。”

高效是集中精力“钻透”工作的结果。尽管一个员工是否能有所成就受公司、个人的毅力和智慧等多方面的影响，但不可否认，对每个人来说，专注都是其中一个很重要的因素。

03.
追求细节完美，工作之中无小事

> 小事成就大事，细节铸就完美。于细微之处用心，于细微之处着力，这样日积月累，你的工作才能渐入佳境。

当宝洁公司刚推出汰渍洗衣液时，市场占有率和销售额以惊人的速度向上飙升，可是没过多久，这种强劲的增长势头就放缓了。宝洁公司的销售人员非常纳闷，虽然他们进行过大量的市场调查，但一直找不到销量停滞不前的原因。

面对这样的情况，宝洁公司召集了很多消费者开了一次产品交流会。会上，有一位消费者的发言引起了宝洁销售人员的注意。他抱怨说："汰渍洗衣液的用量太大了。"

宝洁的领导们忙追问其中的缘由，这位消费者说："你看看你们的广告，倒洗衣液要倒那么长时间，衣服是洗得干净，但要用那么多洗衣液，算起来更不划算。”

听到这番话，销售经理赶快把广告找来看，才发现在汰渍的广告中，展示产品时倒洗衣液的时间有3秒钟，而其他品牌洗衣液的广告，这个时间仅为1.5秒。

仅仅1.5秒的时间差距，仅仅是在广告上这么细小的一点问题，就对汰渍洗衣液的销售和品牌形象造成了严重的影响。这是一个细节制胜的时代，因此我们的工作无论大小，都要注意细节，数据应该非常准确，严格要求自己，这样工作才能做到位。

一名法国人到上海参加一个商务会谈，入住在一家五星级酒店里。早晨，当这个法国人从房间出来准备吃早餐时，一名漂亮的服务小姐微笑着和他打招呼：“早上好，史密斯先生。”法国人感到非常惊讶，他没有料到这个服务员竟然知道自己的名字。服务员解释说：“史密斯先生，我们每一层的当班服务员都要记住每一个房间客人的名字。”法国人一听，非常高兴。

在服务员的带领下，法国人来到餐厅就餐。在用过一顿丰盛的早餐后，服务员又端上了一份酒店免费赠送的小点心。法国人对这盘点心很好奇，因为它的样子太怪了，就问站在旁边的服务员：“中间这个绿色的东西是什么？”那个服务员看了一眼，后退一步并做了解释。当客人又提问时，她上前又看了一眼，再后退一步才作答。原来这后退的一步是为了防止她的口水溅到食物上。法国客人对这种细致入微的服务非常满意。

几天以后，当法国人处理完公务退房准备离开酒店时，服务员把单据仔细折好放在信封里，交给他然后说："谢谢您的光临，史密斯先生，真希望不久就能第三次再见到您。"原来，这位客人在半年前来上海时住的就是这家酒店，只不过上次只住了一天，而这些事服务员居然还记得。

后来这位法国客人又多次来上海，当然，他每次肯定会住在这家酒店，而这里服务员的服务依然是那么细致入微。

小事成就大事，细节铸就完美。于细微之处用心，于细微之处着力，这样日积月累，你的工作才能渐入佳境。

把每一个细节做到位，不仅是职业素养，同时也是企业发展的必须。在产品和服务越来越追求质量的今天，细节的完美是企业竞争的制胜一招。有一家公司的墙上贴着这样一句格言："苛求细节的完美。"如果每个人都能恪守这一格言，我们自身的素质无疑就会得到大幅度提高，也会避免很多失误。

04.
及时修正工作上的偏差

> 工作中我们要顺利完成自己的目标，就必须随时检视自己的工作方向是否有偏差，及时纠正存在的问题，督促并鞭策自己走好下一步。

阿西莫夫原本是一个自然科学家。一天上午，当他在写作论文的时候，突然意识到："我不能成为一个一流的科学家，却能够成为一个一流的科普作家。"于是，他转变了自己的努力方向，把几乎全部的精力都放在了科普创作上，终于成了当代世界上最著名的科普作家和科幻小说家。

当你发现自己走错时，及时修正自己的错误。有些事，大局既已无望，应宜迅速放弃，另谋出路，不可空耗自己的时间和精力。

有一位教授在授课之前，给大家出了一道有趣的思考题："有人在很远的地方发现了一座金矿，为了得到黄金，人们蜂拥而去，却有一条大河挡住了去路。如果那些去淘金的人是你们，你们会怎么办？"

一石激起千层浪，教室里顿时热闹起来。有的说游过去，有的说绕道走，教授却一直笑而不语。

良久，当讨论声渐渐平息，教授才严肃认真地说："为什么非要去淘金？为什么不可以买一条船搞营运，去接送那些淘金的人？这样照样可以发财致富！"听了这话，全体愕然。教授接着说："人们为了发财，即使票价再贵，也会心甘情愿买票上船，因为前面就是诱人的金矿啊！"

既然目标是追逐财富，那么为了能实现目标，我们可以根据实际情况及时修正实现目标的手段，采取灵活的方式。同样，若我们在某个圈子里总是出不了成绩，不如改行去做更适合自己的工作。抛弃虚荣心，哪怕降低一个档次，只要能发挥自己的特长，就能渐渐干出一番成就，找到自己的人生价值。

从地球发射一颗卫星到太空的预定轨道，实际上只有3%的时间卫星是在完全正确的航行轨道上，没有丝毫偏移的，而其余的时间则都在修正方向路线。同理，在工作中我们要顺利地达到自己的目的，也必须随时检视我们的方向是否有偏差，如果有，就要寻找解决的办法，及时纠正存在的问题，纠正偏差，督促并鞭策自己走好下一步。

人总是很容易被惯性思维所控制，碰到熟悉的工作，就凭经验做事。但经验可以使我们提高效率，也能将我们带入歧途。面对工作，不论是否熟悉，我们要做的都是不断察看，不断修正，不断思考后面可能遇到的问题。否则的话，我们不仅要与成功失之交臂，还可能会造成很大的麻烦。

2007年1月9日，乔布斯发布了第一代iPhone。在发布会上，乔布斯难掩激动地说道："今天苹果要重新发明手机！"

诺基亚当时的CEO康培凯对此显得很不屑。他说："苹果不会对诺基亚造成任何影响，因为诺基亚专注做手机很多年了，又有满足任何价位、任何需求的产品线，而苹果仅仅只有这一款产品。"他这样说是有着相当的底气的。在2007年，诺基亚占据全球手机市场份额的40.5%，雄踞第一位，而当时的苹果只占0.6%的份额。

诺基亚依旧按着原来的方式设计和生产手机，可在接下来的3年里，全球的手机市场发生了翻天覆地的变化。

苹果推出iPhone之后，加紧研发新产品。到2010年，苹果推出的iphone4一时风靡全球，手机被重新定义。而按部就班生产手机的诺基亚业绩直线下滑，所占的市场份额也跌到了28.9%。从此诺基亚一直走下坡路并持续亏损，在2013年它不得不出售了自己的手机业务。

诺基亚耽于依照以往的经验去生产手机，自信自己一定能够在市场上占据优势，而对新的风潮视而不见，没有及时调整自己的方向，最终也只能接受失败了。

我们应该对工作的开展情况有一个全面的、整体的了解，这样才能够进行更好的判断，从而及时修正工作进程中存在的偏差。

05.
做一天并不难，难的是天天做

> 把每一件简单的事做好就是不简单，把每一件平凡的事做好就是不平凡。

日本有一项国家级的奖项叫“终身成就奖”，无数社会精英一辈子努力奋斗，就是为了能够获得这项大奖。有一年，这个受人追捧的“终身成就奖”，却颁给了一个“小人物”——清水龟之助。

清水龟之助原来在一个橡胶厂里做工，后来转行到邮政部门做了一名邮差。在最初的日子里，他没有尝到多少工作的乐趣和甜头，于是在做满了一年后便心生厌倦和退意。一天，他看到自己的自行车信袋里只剩下一封信还没有送出去，便想：我把这最后的一封信送完，就马上去递交辞呈。

然而这封信由于被雨水打湿地址模糊不清，清水花费了好几个小时的时间，还是没有把信送到收信人的手中。由于这将是他邮差生涯中送出的最后一封信，所以清水发誓无论如何也要把这封信送出去。他耐心地穿越大街小巷，东打听西询问，好不容易才在黄昏的时候把信送到了目的地。原来这是一封录取通知书，被录取的年轻人已经焦急地等待好多天了。拿到通知书的那一刻，他激动地和父母亲拥抱在了一起。

看到这感人的一幕，清水深深地体会到了邮差这份工作的意义所在："因为即使是简单的几行字，也可能会给收信人带来莫大的安慰和喜悦。这是多么有意义的一份工作啊！我怎么能够辞职呢？"

在这之后，清水越来越体会到了工作的意义和自己肩负的使命，他不再觉得这份工作乏味无聊了，他深深地领悟了职业的价值和尊严。就这样，他一干就是25年。从30岁到55岁，清水创下了25年全勤的纪录。而他在得到人们尊重的同时，也于1963年得到了日本天皇的召见和嘉奖。

数十年如一日，一丝不苟、兢兢业业地去做一件简单的事，不错投一封信件，不迟到一时半刻，这就是清水龟之助的成功。把一件简单的事情做好就是不简单，在千百次的重复中不犯错更是困难，这是在考验一个人的毅力和坚韧。

海尔总裁张瑞敏先生在比较中国公司员工与日本公司员工时曾说："如果让一个日本员工每天擦六次桌子，他会不折不扣地执行，每天都会坚持擦六次；可是如果让一个中国员工去做，那么他在第一天可能擦六遍，第二天可能擦六遍，但到了第三天、第四天，他可能就会擦五次、四次、三次，再到后来，就会不了了之了。"有鉴于此，他提出："把每一件简单的事做好就是不简单，把每一件平凡的事做好就是不平凡，而把一件简单的事情重复做好也是巨大的成功。"

其实，成功往往就是做好简单的事情。这看似很容易达成，却有很多人在这上面栽了大跟头。

06.
始终小心谨慎，永远如履薄冰

在现代生活中，无论是企业还是员工，为了应对变化万千的社会环境，都要保持高度的敏锐性，居安思危，见微知著。

古时候，有一个做了无数善事的善心者，皇帝非常欣赏他的善举，便封他为圣人。

这一天，圣人过八十大寿，皇帝前来祝贺，还特地带来一位画家，想通过画家的笔将这位圣人慈祥的容貌画下来，作为世人的典范。

用完晚餐之后，众多的宾客前来观赏这幅慈祥的画像。但当画家把这幅画拿出来的时候，所有人都大吃一惊。因为画里的人根本没有慈祥的面貌，反而充满暴戾、粗野、邪恶的气息。

皇帝一看，生气得要人把画家拖出去鞭打。这时，圣人听到惊呼声，跑出来看。他一眼就看到了这幅画像，跪倒在地说道:“皇上，这画里的人才是真实的我呀！”

皇帝诧异地问:“为什么？”

圣人说:“这就是我一生挣扎着，不想去做的那个人啊！”

可见这个世上并没有天生的圣人，只有能时时刻刻自我反省、自我检视的人。

没有人天生就是圣人，也没有人天生就是日事日清的优秀员工，我们只有时刻警惕，提醒自己不要变得懒惰，不要找借口拖延不做事，提醒自己不要向优秀的对立面发展，这样才能成为日事日清的优秀员工。即使是已经成为圣人的人，一生之中也没有停止过自省，时刻都警惕着，让自己不要成为一个暴戾、粗野、邪恶的人。普通的员工要想有所进步，就要像这位圣人一样，每天自省。我们所说的日事日清除了强调工作要在一天内完成之外，还强调员工要每天对自己的工作进行反省，这样工作质量才会提高，员工也才能日清日高。

如今的职场早已告别了铁饭碗时代，没有一个职位可以让你安身立命一辈子，每一个员工都是在不断的竞争中生存。现在的职场就仿佛人间丛林，每个员工都要遵守优胜劣汰的职场法则。

在动物界，狼是一种极其聪明的动物，如果让一只狗与一只狼搏斗，失败的一定是狗。狗是狼的近亲，他们的体形也难分伯仲，但为什么败北的总是狗呢？有人曾就此问题对这两种动物进行研究，他们发现，经人类长期豢养的狗因为有了人类的庇护，没有生存的危机感，它们的脑容量要大大的小于狼。而生长在野外的狼时刻面临着危机，可以说，它的一生是十分艰辛的，稍不注意就会丧命。在自然界中，它并不是最强的动物，没有豹的速度、狮子的凶悍、犀牛的强壮，为了生存要经常与自己的同类争夺食物和领地，此外还要经历人类的猎捕以及提防其他动物的袭击。一只理论上讲可以存活大约13年的狼，在野外生活时却只有9年左右的寿命。正因为这样，为了生存，狼的大脑被很好地开发了，它们不但非常有创造力，而且还有着异乎寻常的生存智慧。

现如今，员工与企业的生存环境和狼的生存环境有很多相似之处。优胜劣汰的竞争环境促使了强者的产生，而越是强者越是具有超强的危机意识。在激烈的竞争中，如同狼的血液中流淌着一种强者的精神一样，一名优秀员工的内心也要时刻保持一种强者的心态，无论环境怎样险恶，竞争怎样残酷，都要保持警惕，积极地投入战斗。

小美毕业后进入了某大型外企工作，她所做的工作很模式化，单一而没有新意，日复一日地处理几张报表，跟有限的几个同事接触。两三年下来，小美总觉得缺少了什么。虽说工资没有涨，但跟同龄人比起来已经很高了，她的优越感也一直不减，但最近的几个尝试性的面试却让小美感到了忧虑——不少企业只愿提供跟她现在持平的职位，而小美却希望自己能向管理方面发展，将来可以成为一位职业经理人。

小美大概算了一下，在自己现在的公司里至少要做五年才能小升一级，而那些主管不是硕士就是海归。按照公司正规的晋升流程，还得等上司走了才有晋升机会，但她的上司似乎没有想离开的想法，因为他也很年轻。小美开始怀疑自己的职业含金量到底有多少，另一件令她担心的事情是，现在自己所处的行业是否能一直向好，那些因公司的高利润而发的奖金和双薪还能保持几年？

小美是个有志向的人，她比谁都清楚，虽然自己现在的收入不少，但她在这个人才济济、等级森严的企业里实在是默默无闻。怎样才能找到一个突破口，让自己有所发展，这是小美现在最感头疼的事情。

很显然，小美现在已经到了事业的瓶颈期，而她也意识到了自己的危机：虽然身在大公司，收入不菲，但要有所发展又很困难；工作单调而没有创意，个人能力没有提高，困在公司这样一个小社会里，与外面的大社会多少有些脱节。小美急需充电，提升自身价值，让专业知识得到更好的积累。而且小美也意识到了，现在的好待遇是因为近几年行业景气，一旦不幸遭遇寒流，她的待遇将一落千丈。小美具有危机意识，懂得居安思危、未雨绸缪，她需要的只是行动起来。

在华为，新员工进入企业之前，先要进行半年的军事化培训。在培训期间，华为会不断淘汰掉不能适应的人，还要对新员工进行定期和不定期的各种考核。5% 的淘汰率，让华为对员工战斗精神的塑造不仅体现在形式上，更体现在行动上。一个培训班的二三十人中，最后一名无论考试成绩多好，都要被淘汰。IT 行业是技术性很强、竞争很残酷的行业，所以华为从一开始就注重培养员工的竞争意识和战斗精神，让员工切身体会到，除了来自外界的竞争和危机外，公司内部同样存在着激烈的竞争，而这种危机意识和竞争意识会一直贯穿在华为员工的整个工作生涯中。

不变是相对的，变化是绝对的。在这个瞬息万变的社会里，没有以不变应万变的一劳永逸的方法。要时刻保持危机感，时时刻刻地反思，时时刻刻告诫自己不要停滞，也就是说，我们要始终小心谨慎，永远如履薄冰。

07.
真正的进步是比别人进步得更快

> 一个人要摆脱职场上的生存危机，使自己不被优胜劣汰的职场法则打败，就要善于寻找自己能力上的突破点，快速地突破自己，让自己尽快优秀起来。只有不断进步，才能让自己保持持续的竞争力。

有一个故事，说的是一个农夫头一年挣了十两银子，买了一头牛。他计划第二年埋头苦干，挣一百两银子，再买十头牛，那样，他就可以搞一个小型养牛场了。第二年，他果然挣到了一百两银子，可是牛也大幅度涨价，一百两银子连半头牛都买不到了。

这个故事告诉我们：整个世界是在不断向前发展的。你停下来，别人仍在前进；你前进，别人比你前进得更快。

N 先生三年前在某中外合资企业担任网络通信设备销售经理，三年来他一直忙于日常事务，在一片“干杯”声中度过了一天又一天，除了酒量以外，其他技能都没有明显的增长。可是就在这三年中，他的下属跟随他鞍前马后慢慢地积累了一些经验，羽翼也渐渐地丰满了，而且销售业绩惊人，连续在公司的绩效考评中名列第一。于是在“业绩才是硬道理”的今天，N 先生被淘汰掉了，他的那位下属成为了新的经理。

在竞争日益激烈的当今职场，不是你淘汰别人，就是别人淘汰你，因此我们只能主动出击，抓住一切机会提高自己。而要想在激烈的角逐中占据主动，就应当比别人跑得更快。

A 公司是一家小型广告公司，设计部只有两男一女。平日里，这三个人总是能够在繁忙的工作中找到偷闲的机会，聊聊电视剧、分享一下商场里最新的打折信息等。就这样，三个人优哉游哉地过了一天又一天。

一天，老板领着一个稚气未褪的男孩走进了他们的办公室，向他们介绍说这是设计部的新同事，应届大学毕业生林。

林来设计部上班后，像所有新人那样默默无闻、勤勤恳恳地工作。早上，“元老”们还没到，林就开始打扫办公室。设计部有很多需要跑腿的活儿，以前他们都不情不愿的，总是以猜拳的方式来选谁是那个“倒霉蛋”。但是现在，不用言语，林早就揣起文件送往相关部门了。而当林跑前跑后的时候，“元老”们按照“惯例”又开始东拉西扯地闲聊，最后竟扯到美国占领伊拉克的热点新闻上去了。每当下班的时候，“元老”们都会迫不及待地奔出公司，而林则毫无怨言地收拾着遍地狼藉的办公室。“元老”们还打趣说：“新人都是活雷锋嘛。”

没多久，老总在会议上强调，设计部是公司的重心，要适当扩容，还要选出一个设计部部长。因为此事涉及各自的前途，平时人浮于事的那几个老职员渐渐收敛了许多，都想在老总面前留个好印象，以赢得升迁的机会。然而不久，部长人选就张贴在办公室外的公布栏了，是林。

职场是一个永不闭馆的竞技场，每天都在进行着淘汰赛，只有比别人跑得快的人才能免于被淘汰的厄运。一个人要摆脱职场上的生存危机，使自己不被优胜劣汰的职场法则打败，就要善于寻找自己能力上的突破点，快速地突破自己，让自己尽快优秀起来。只有不断进步，才能让自己保持持续的竞争力。

要判断自己是在进步还是在“明进暗退”，就不能老和自己的过去以及不如自己的人比，而是应当把最优秀的人和进步最快的人当作目标。假如每一个竞争对手都用 9 秒跑完 100 米，你虽然比过去加速了，但却花了 10 秒，那么你仍然是落后的一个，一定要比别人进步得更快，才能在竞争激烈的社会中占据主动。

第六章

意识：
负责敬业，注重结果

01.
心怀感恩

> 心怀感恩，感激做事，才能做到工作日清。心怀感激能带来更多值得感激的事情，努力工作也一定会带来更多更好的机会。

约翰是麦当劳的一名普通员工，每天的工作就是不停地做相同的汉堡，没有什么新意，但是他仍然非常快乐，从来都是用微笑来面对顾客，几年来一直如此。他真挚的微笑感染了很多人。有人不禁问他："为什么会为这样一种毫无变化的工作感到快乐？究竟是什么让你充满热情？"

约翰回答道："我每做出一个汉堡，就知道一定会有人因为它的美味而感到快乐，那我也就感到了我的作品带来的成功，这是多么美好的事情！我每天都会感谢上天给我这么好的一份工作。"

由于约翰富有感染力的微笑和快乐，这家店的生意越来越好，名气也越来越大。最后这事终于传到了麦当劳公司总管的耳朵里，于是约翰在总公司得到了一个重要职位。

约翰因为对工作心怀感激，所以能把简单的工作做好，而这也使他有机会得到一个重要的工作岗位。不管什么时候，如果我们把感恩的情绪融入我们所从事的工作当中，那么我们的工作激情就会被点燃，这项工作的质量也会得到改善，而工作所引起的疲劳感则会相对减轻。

一个人生命中重要的东西无非是家人、爱人、事业、生活等，其中事业在人的一生中占据着很重要的地位。所以，只有当我们热爱自己所做的工作时，才能够让自己在每天的工作中全力以赴，才能从工作中得到更多乐趣，才能让我们的生活更快乐更充实，也才能更容易获得成功。

微软从1975年由两个好朋友共同创立开始，到现在成为全球最大的电脑软件提供商，盖茨的领导力在其经营中发挥了重要的作用。领导人独特的人格魅力，宽松融洽的工作氛围，吸引了全球软件行业的顶尖人物纷至沓来。众多个性迥异的电脑高手汇聚在一起，如果没有对盖茨的感恩和对工作的激情，在43年的创业历程中，恐怕微软早就分崩离析了。

为了激励众多有才华的员工，微软公司内部营造出一种“工作第一，以公司为家”的气氛。在微软公司，盖茨本人对工作的狂热，以及他给予员工的压力，都带动了员工的工作热情。员工们对工作怀着极度的热情，都是没日没夜地干，有时甚至会一连几天不休息。公司里氛围宽松，员工可以随时向公司的任何人发送电子邮件，不论他们的职位高低。人们经常可以看到盖茨在公司内外同员工聊天、交谈——他喜欢在公共场合同员工讨论公司的经营计划，并鼓励他们突破障碍，努力前进。由于盖茨本人对微软公司员工的期望很高，因此他会给予员工极大的压力，一旦员工出现错误，他绝不手软。但对于表现出色的员工，盖茨则会给予丰厚的外在物质福利与激动人心的内在精神满足，这些都使得员工产生了很大的工作热情。

刚来微软公司的员工很少有晚上9点以前回家的。一位员工这样评价盖茨："他不但是个工作狂，而且要求很严格。有时，他会把部下们认为办不到的事拿回去自己做，而且通常能迅速而准确地做到几乎完美的地步，这让大家佩服得没有话说。在他手下工作，如果没有真本事，还真难做。"

如今，微软公司已经走过了43个年头，而现在的盖茨正站在员工的背后，通过无等级、人性化的管理，让更多的微软人找到归属感，让员工真正体会到微软不只是让员工来工作，还关注你未来的发展、关注你的家庭、关注你的职业生涯，这些都使得员工心怀感恩。他们努力奋斗，相互追赶，在激情中继续为推动微软的发展而孜孜不倦地工作。

只有心怀感恩的人，才能视万物皆为恩赐；也只有当我们心中充满了感恩之情的时候，世界才会变得美好无比，我们在面对困难时也才能甘之如饴。因此无论是做什么工作，我们都应该满怀感激和热情，尽可能地把工作做好。

心怀感恩，感激做事，才能做到工作日清。心怀感激能带来更多值得感激的事情，努力工作也一定会带来更多更好的机会。

02.
肩负责任

> 员工无论职位高低，都必须具有很强的责任感。每个员工都需要牢记：“一盎司的责任感胜过一磅智慧。”

企业是由每一个人组成的，大家有共同的目标和利益，企业里的每一个人都负载着企业生死存亡、成败兴衰的责任。因此，员工无论职位高低，都必须具有很强的责任感。每个员工都需要牢记：“一盎司的责任感胜过一磅智慧。”

在现今竞争激烈的商业社会里，公司和个人都面临着巨大的压力。只有对公司持认真负责态度、在工作中不断质疑自己的员工，才能够帮助公司完善体系，适应市场变化，增强竞争力，推动公司向前发展。

乔治到这家钢铁公司工作还不到一个月，就发现很多铁矿石并没有得到充分利用，一些矿渣中还残留有没被冶炼出来的铁。他想，如果这样下去的话，公司岂不是会有很大的损失？

于是他找到负责这项工作的工人，向其说明了问题，但这位工人说："如果技术有问题，工程师一定会跟我说，现在还没有哪一位工程师向我提到这个问题，说明现在没有问题。"

乔治又找到负责技术的工程师，对工程师说明了他看到的问题，但工程师很自信地说："我们的技术是世界上一流的，怎么可能会有这样的问题？"工程师并没有把乔治所说的问题看成一个重要的问题，还暗中略带嘲讽地想：一个刚刚毕业的大学生能明白多少，不过是想博得别人的好感而表现自己罢了。

但是乔治认为这是个很大的问题，在几经反映没有答复后，他拿着没有冶炼好的矿石直接找到了公司负责技术的总工程师。他说："先生，我认为这是一块没有冶炼好的矿石，您认为呢？"

总工程师看了一眼，说："没错，年轻人，你说得对。哪里来的矿石？"

乔治说："是我们公司的。"

"怎么会？我们公司的技术是一流的，怎么可能有这样的问题？"总工程师很诧异。

"工程师也这么说，但事实确实如此。"乔治坚持道。

"看来是出问题了。怎么没有人向我反映？"总工程师发火了。他召集负责技术的工程师来到车间，果然发现了一些冶炼并不充分的矿石。经过检查他们发现，原来是监测机器的某个零件出现了问题，导致冶炼不充分。

公司的总经理知道这件事之后，不但奖励了乔治，而且擢升乔治为负责技术监督的工程师。事后，总经理不无感慨地说："我们公司并不缺少工程师，但缺少负责任的工程师——这么多人就没有一个人发现问题，终于有人提出了问题，他们还不以为然！对于一个企业来讲，人才是重要的，但是更重要的是有责任感的人才。"

乔治从一个刚刚毕业的大学生成为负责技术监督的工程师，可以说是一个飞跃，而他能获得第一步的成功就是因为他的责任感。正如那位公司总经理所说的，公司并不缺少工程师，也不缺乏能力出色的人才，但缺乏负责任的员工。从这个意义上说，乔治正是公司最需要的人才，也正是他的责任感让他的领导对他委以重任。

当你在为公司工作时，无论老板安排你在哪个位置上，都不要轻视自己的岗位，都要担负起工作的责任来。那些在工作中推三阻四，老是埋怨环境，寻找各种借口为自己开脱的人，那些对这也不满意那也不满意的人，往往是职场的被动者，他们不知道用奋斗来担负起自己的责任，因此即使他们工作一辈子也不会有出色的成绩。

人的价值是通过对责任的承担来体现的。如果你有能力承担更多的责任，却在庆幸自己只承担了一点点，那么首先，你放弃了自己，放弃了去承担更多责任的义务，你是一个没有责任感的人；其次，如果这样做，也就代表着你在拒绝让自己的能力有更大的进步，因为一个人的能力是因承担责任而得以展现的。当你在拒绝承担责任的时候，你与成功的距离不但不会接近，反而会拉得更远。

李洋在大学毕业后进了一家机械厂工作，跟他一同入职的还有另外四五个大学生。他们几乎都没经过技术培训，就被分到了各个部门，担任基层管理人员。

由于他们不懂生产，不熟悉工艺流程，所学专业又与实际操作相差太远，因此常常在管理上感到力不从心。加之有些工人也欺负他们是外行，在工作中总是偷奸耍滑，这让他们感到非常头疼。为此，李洋主动向厂长提出申请：他要下车间去当个三班倒的工人。这个消息一传出，全厂哗然，大家都说他是个怪人，连那几个大学生也都表示不能理解。

李洋根本不理会那些议论，而是到二车间安安心心做了一名工人。他全身心地投入工作中，努力钻研各项技术，试图熟悉每个工种。由于他勤学好问，那些生产能手们都爱教他，把自己多年的经验都毫无保留地传授给了他。很快，李洋就全面掌握了生产工艺，生产中遇到的问题没有他解决不了的。两年后，他升任车间主任。但面对成功，他并不骄傲自满，始终尽职尽责地对产品质量严格把关，所以他车间的产品质量一直是最好的。

又过了几年，市场变换，工厂的经营不大景气了，厂里决定试行承包制。李洋承包了二车间，由于他技术过硬，又勤奋好学，工人们都乐意跟他干。这时，他又拿出钻研业务的劲头去研究营销，并且很快就成立了一支精干的销售队伍。由于产品质量过硬，营销自然得力，产品很容易就打开了市场，李洋也在全行业中成为小有名气的人物。到了年底，其他车间都出现了不同程度的亏损，唯有二车间创造了巨额利润，因此厂里决定把车间全部承包给他。在工厂对员工进行精简时，当年和李洋一同进厂的大学生们因为技术不

过关，都被裁员了。

后来，李洋通过融资买下了这家工厂，成为了一名民营企业家。

李洋就是凭着自己的责任心一步步从优秀走向卓越的。如果你想成为公司的顶梁柱，如果你想提高个人的工作能力，如果你想拥有自己的事业并获得成功，那么请记住：只有责任心才能使你实现这些愿望，因为只有积极承担责任才能激励你从优秀走向卓越。

在执行任务时，逃避责任的人会对自己或同伴说“算了，太困难了，若老板过问起来，就说条件不允许”，或者“别去做了，到时就对老板说人手不够”。更令人失望的是，在很多企业里，业务员早上到公司报了到，就跑去喝咖啡、闲聊、四处闲逛。下午下班前汇报工作，上司问他要找的客户找到没有，他就说“客户不在”“客户没空，约了明天见”，或者“今天走访的客户太多，没来得及”。这样的员工，是多么令人失望啊！他们这样做，不仅是在偷懒，是在逃避责任，更是对自己能力的践踏，也是对自己开拓精神的扼杀。逃避责任的人，也许可以得到暂时不执行任务的“清闲”，但却失去了成长机会——如果你什么都不做，到哪去学习技能，到哪去积累经验呢？

富有责任感的员工会富有开拓和创新精神，他绝不会在没有努力的情况下，就先为失败或没有完成工作找借口。他会想尽一切办法完成公司交给他的任务，如果条件不具备，他会创造条件；如果人手不够，他知道及时反馈，或者自己多做一些、多付出一些精力和时间。他们不管被派向哪里，都不会无功而返，都会让自己的能力展现出最大的价值。

“日事日清”的理念能够赋予我们责任感和高效率，使我们不仅勇于为各种活动、情境或感受承担责任，而且勇于为能取得预期的结果而努力奋斗。当你将责任、效率与取得更好的结果相结合时，你就有了去达成目标的动力，也就向成功迈出了第一步。

03.
踏实敬业

> 尽职尽责地行动才能完美地落实工作。一个企业管理者说："能真正钉好一枚纽扣，应该比缝制出一件粗制滥造的衣服更有价值。"

敬业，就是尊敬、尊崇自己的职业。如果一个人以尊敬、虔诚的态度对待自己的职业，甚至对职业有一种敬畏的态度，那么他就会尽职尽责地去做。

一位作家曾这样说："无论做什么事情，都应该尽心尽力，一丝不苟，因为究竟什么才会事关真正的大局，什么才是最重要的，这一点其实我们并不清楚。也许在我们眼里微不足道的事情，实际上却可能攸关生死。"

老张是个退伍军人，几年前经朋友介绍来到一家工厂做仓库保管员。这份工作不繁重，无非就是按时关灯、关好门窗、注意防火防盗等细枝末节的琐碎事情，老张做得十分认真。他不仅会每天做好来往工作人员的提货日志，将货物有条不紊地码放整齐，还会不间断地对仓库的各个角落进行打扫清理。

三年下来，仓库没有发生一起失火失盗案件，其他工作人员每次提货也都能在最短的时间里拿到货物。在工厂建厂20周年庆功会上，厂长按老员工的待遇，亲自为老张颁发了三万元奖金。好多老职工不理解，老张才来厂里三年，凭什么能够拿到老员工才能获得的奖励？

厂长看出大家的不满，说道："你们知道我这三年中检查过几次咱们厂的仓库吗？一次也没有！这不是说我工作没做到位，其实我一直很了解咱们厂的仓库保管情况。作为一名普通的仓库保管员，老张能够做到三年如一日的细致认真，不出差错，而且积极配合其他部门人员的工作，对自己的岗位忠于职守，比起一些老职工来说，老张才是真正做到了爱厂如家，我觉得获得这个奖励他当之无愧！"

职场中，如果你能把自己的每一份工作都做到尽善尽美，相信很快你就会达到自己的目标。敬业是一个人职业精神的闪光点，它可以让一个平凡的人在一个平凡的岗位上做出不平凡的事情。

尽职尽责地行动才能完美地落实工作。一个企业管理者说："能真正钉好一枚纽扣，应该比缝制出一件粗制滥造的衣服更有价值。"

老板最欣赏那些富有敬业精神的员工，所以只有踏踏实实地做好现在的工作，将负责任的精神彻底融入你的工作当中，你才能提高效率、表现突出。无论从事什么行业，只要你尽心尽力去做，你就能做到日事日清，高效率地完成工作。

04.
珍惜时间

“一寸光阴一寸金，寸金难买寸光阴。”这句话可以说是人尽皆知的劝人珍惜时间的格言了。凡是在事业上有所成就的人，都十分注重时间的价值。他们不会把时间花费在没有价值的事情上。

任何财富都是时间与行动结合的产物。时间是成功者前进的阶梯，时间是成功者的资本，时间是成功者获得胜利的筹码。

美国金融巨鳄约翰·皮尔庞特·摩根每天上午9点30分准时进入办公室，下午5点回家。有人对摩根的资本进行计算后说，他每分钟的收入是20美元，但摩根认为不止这些。除了与生意上有特别关系的人商谈外，他与别人的谈话绝不会超过5分钟。

通常，摩根总是在一间很大的办公室里与许多员工一起工作，他不会一个人待在房间里工作。摩根会随时指挥他手下的员工，让他们按照他的计划去行事。如果你有重要的事情汇报，可以随时走进他那间大办公室，但如果你没有重要的事情，他是绝对不会欢迎你的。

摩根能够准确地判断出一个人来接洽的到底是什么事。当你对他说话时，一切转弯抹角的方法都会失去效力，他能够立刻判断出你的真实意图，这种卓越的判断力使摩根节省了许多宝贵的时间。有些人本没有什么重要事情需要接洽，只是想找个人来聊天，他们磨磨蹭蹭、拐弯抹角的言谈耗费了工作繁忙的人许多重要的时间，摩根对这种人简直是恨之入骨。

摩根憎恨浪费时间的行为，这说明他是一个懂得时间价值的人，也正是这种重视时间价值的习惯，造就了他金融大王的地位。

“一寸光阴一寸金，寸金难买寸光阴。”这句话可以说是人尽皆知的劝人珍惜时间的格言了。凡是在事业上有所成就的人，都十分注重时间的价值，他们不会把时间花费在没有价值的事情上。

例如，接待客户是很多人经常要做的工作，同时也是一件十分消耗时间的工作，一个善于利用时间的人总是能判断自己面对的顾客在生意上的价值，而且能够把控时间，减少不必要的废话。有一位公司经理拥有待客谦恭有礼的美名。在商谈过程中，他总是言简意赅，一句多余的题外话都没有，而在每次与来客把事情谈妥后，他便会很有礼貌地站起来，向客人握手道歉，遗憾地说自己不能有更多的时间再多谈一会儿。那些客人都很理解他，对他诚恳的态度也都非常满意，所以也就不会计较他那看似有些不近人情的简短谈话了。

简短对话是商人最可贵的本领之一，也是成功者都具有的一种重要能力。以沉默寡言和办事迅速而著称的成功者都是实力雄厚、深谋远虑、目光敏锐的人，他们说出来的话句句都很准确、到位，都有一定的目的，因为他们从来不愿意用长篇大论来浪费自己的宝贵资本——时间。

不止是商人，任何一个在自己的领域有成就的人，都是善于利用时间的人。爱因斯坦曾组织过享有盛名的“奥林比亚科学院”，每晚例会，他总是愿意同与会者手捧茶杯，开怀畅饮，边喝茶边谈话。但这些谈话不是无目的的闲聊，他是在利用这种闲暇时间去交流思想。而爱因斯坦的某些理想主张、各种科学创见的灵感，在很大程度上就产生于这种饮茶之余的谈话时间。

爱因斯坦并没有因为这是闲暇时间而休息，而是把它充分利用了起来。现在，茶杯和茶壶已成为英国剑桥大学的一项“独特设备”，以纪念爱因斯坦利用闲暇时间的创举，鼓励科学家利用空闲时间取得更大的成绩，在饮茶时沟通学术思想，交流科学成果。

时间对于每一个人来说都是公平的，不论富人或穷人，男人或女人，聪明人或不聪明的人，面对的时间都是一样的，每天只有24小时。我们处在知识日新月异的信息时代，人们的生活节奏加快，常因繁重的工作而紧张忙碌。但是，很多人看起来和你一样忙碌，和你用着同样的时长，却能够做比你更多的事情。他们不是拥有更多的时间，而是拥有比你更高的效率，也更善于利用时间。所以说，如果想提高自己的工作效率，让自己忙出效率和业绩，就要珍惜时间。

05.
注重结果

> 日清日高，每天都要有所进步。如果一个人每天都能提高1%，那么也就没有什么能阻挡他获得成功了。成功与失败的距离其实并不遥远，很多时候，它们之间的区别就在于你是否每天都在提高自己。

2018年2月20日，在平昌冬季奥运会短道速滑男子500米预赛第一组比赛中，武大靖以40秒264的成绩刷新奥运纪录，以小组第一的成绩顺利晋级1/4决赛。两天后，在短道速滑男子500米1/4决赛中，武大靖以39秒800创造了新的世界纪录，晋级半决赛。而在当天的短道速滑男子500米决赛中，他又以39秒584的成绩打破世界纪录强势夺冠，为中国队赢得了平昌冬奥会上的首枚金牌，这也是中国男子短道速滑队在冬季奥运会上的首枚金牌。

武大靖获得这样的成绩，完全是因为他日复一日的刻苦训练。像他一样，我们要想在自己的领域中做冠军，就必须在工作岗位上日复一日地不断磨炼自己，积累经验，从而提升自己的工作能力。

一个人，如果每天都能提高1%，就没有什么能阻挡他抵达成功的彼岸。成功与失败的距离其实并不遥远，很多时候，它们之间的区别就在于你是否每天都在提高自己。

1986年，美国职业篮球联赛开始之初，洛杉矶湖人队面临着重大的挑战。前一年，湖人队有很好的机会可以赢得冠军，而且当时所有的球员都处于巅峰状态，但在决赛时却偏偏输给了波士顿的凯尔特队，这使得教练派特雷利和所有球员都极为沮丧。但在这最低潮的时候，派特雷利跟他的12名队员说："明年我只要每人比今年进步1%就好，有没有问题？"球员们一听："才1%，太容易了！"他们信心十足地去训练，一年之后，果然每位队员在得分、抢篮板、助攻、防守等四方面都有了一些进步，而在那一年，湖人队也真的得了冠军，而且过程很顺利。

有人问派特雷利教练，为什么这次这么容易就得到了冠军呢？派特雷利说："每人在五个方面各进步1%，那就是进步了5%，12人就是60%。一个一年进步了60%的球队，你说能不得冠军吗？"

其实，职场中人也可以遵循这个法则，让自己每天进步1%。只要你保证每天进步1%，就不必担心自己不成功。在每晚临睡前，一定要进行自我分析：今天我学到了什么？我有什么做错的事？今天我有什么做对的事？假如明天要得到我要的结果，有哪些错不能再犯？有哪些事可以做得更好？

2003年4月27日，青岛港新码头灯火通明，许振超和他的工友们在“地中海阿莱西亚”轮上开始了向世界装卸纪录的冲刺。他们成功了，但并没有因为这一次的成功就松懈下来，而是继续研究更好的方法。每天下工后，许振超都要对当天的工作进行总结，找出问题，以便在明天的工作中能够引以为鉴。就这样，仅仅半年后，他和工友们又把每小时单船339自然箱的纪录提高到了每小时381自然箱，完成了青岛港集装箱“10小时完船保班”的承诺，“振超效率”从此扬名国际航运界。

“振超效率”产生了巨大的名牌效应，青岛港在世界航运市场的知名度因此越来越高，世界上许多知名航运公司开始主动寻求与青岛港的合作。2003年一年，青岛港完成了集装箱吞吐量420万标准箱的目标，实现了吞吐量24.3%的高速增长。

许振超一直在追求进步，他的努力不仅提高了自己的能力，也为公司带来了巨大的经济效益。他做到了日事日清，日清日省，日省日高。其实，不论是伟大的还是细微的成就，都是人们经过自己的不断努力，每天收获一点，每天进步一点，慢慢取得的。对那些勇于开拓的人而言，生活总会给他提供足够的机会和不断进步的空间。而那些能持之以恒、不断进步的人，往往能获得最后的成功。

第七章

方法：设定目标，抓住关键

01.
积极找方法，改写“不可能”

> 一位优秀员工在谈到自己的成功经验时说：“我之所以能有这样的发展，是源于我凡事都愿意去找方法解决。如果你想成为公司发展的关键力量，就要丢掉心中的限制，积极找方法攻克工作中一个又一个‘不可能’。”

一切皆有可能。不敢向高难度的工作挑战，是对自己潜能的画地为牢，只能使自己原本无限的潜能化为有限的成就。如果你想取得事业上的辉煌成就，成为公司发展的关键力量，就要丢掉心中的限制，积极找方法，用行动改写工作中的“不可能”。

在自然界中，有一种十分有趣的动物，名叫大黄蜂。曾有一次，许多动物学家、物理学家、社会学家联合起来一起研究大黄蜂。

根据动物学的观点，所有会飞的动物，其条件必须是体态轻盈、翅膀宽大，而大黄蜂却跟这个观点完全相反。大黄蜂的身躯十分笨重，翅膀却出奇的短小。依照动物学的理论来讲，大黄蜂是绝对飞不起来的。物理学家的论调则是，大黄蜂身体与翅膀的这种比例，从流体力学的观点来看，同样没有飞行的可能。

可是，在大自然中，只要是正常的大黄蜂，没有一只是不能飞的，甚至它们的飞行速度也并不比其他能飞的动物差。这种事实的存在，仿佛是大自然和科学家们开了一个大玩笑。

最后，社会学家解开了这个谜。谜底很简单，那就是——大黄蜂根本不懂“动物学”与“流体力学”。每只大黄蜂在它长大之后就很清楚地知道，它一定要飞起来去觅食，否则就会被活活饿死！这才是大黄蜂能够飞得那么好的奥秘。

我们不妨从另外一个角度来设想，如果大黄蜂能够接受教育，明白了生物学的基本概念，也了解了流体力学，那么这只大黄蜂还能够飞得起来吗？

在你的工作和生活中，很多人在无意之间向你灌输了许多“不可能”的思想，这些思想会给你的心灵“设限”，制约你潜能的发挥。当你把这种种的“不可能”从心头抛开，你就能够到达你平时难以企及的高峰。

1992年底，已经78岁的IBM仿佛患上了老年痴呆症，一下子陷入亏损50亿美元的泥坑里，举步维艰。昔日威风八面的蓝色巨人如今变成了没人理睬的乞丐。GE的杰克·韦尔奇与SUN的麦克尼里等专家都拒绝了高薪，不愿意去挽救IBM。后来，IBM费尽力气，终于说服了路易·郭士纳前去执掌公司的帅印。于是，被媒体描述成“一只脚已经踏进了坟墓”的IBM，迎来了这位对IT行业完全陌生的新CEO，后来被世人津津乐道的传奇人物郭士纳先生。

不过，当大家得知郭士纳先生要接掌IBM时，很多人向他投去了怀疑的眼光，甚至对他冷嘲热讽。他们认为，一个靠经营食品业起家的人，一个对计算机完全外行的人，又如何能担得起这一重任呢？

但是，随着时光的流逝，郭士纳先生给大家的结果是“惊喜”。几年后，当初亏损几十亿美元的IBM公司，已经变为销售额高达860亿美元，盈利77亿美元的行业楷模。公司的股票价值增值了800%，市值增长了1800亿美元。这些惊人的数字，就是当初那位计算机行业的“门外汉”路易·郭士纳先生带领IBM员工创造出来的。这是给那些怀疑“门外汉”做不了专业活的人的最好反击。

郭士纳先生的成功带给我们这样一个启示：世上无难事，只怕有心人。面对困难，只要你勇于尝试，积极寻求解决方案，那么“不可能”也能够变为“可能”。

西方有句名言：“一个人的思想决定一个人的命运。”不敢向高难度的工作挑战，是对自己潜能的浪费，最后只能把自己困在平庸的工作中，没有一丝进步和提升的机会。

“职场勇士”与“职场懦夫”，这两种员工在老板心目中的地位有着天壤之别。一位老板在描述自己心目中的理想员工时说：“我们所急需的人才，是有奋斗进取精神，勇于向不可能完成的工作挑战的人。”一位优秀员工在谈到自己的成功经验时说：“我之所以能有这样的发展，是源于我凡事都愿意找方法解决。如果你想成为公司发展的关键力量，就要丢掉心中的限制，积极找方法攻克工作中一个又一个‘不可能’。”

02.
正确地做事，不如做正确的事

> 正确地做事，更要做正确的事，这不仅仅是一个重要的工作方法，更是一种很重要的工作理念。

想要得到正确的结果，就要选择做正确的事，而且要正确地做这件事。很多时候，做正确的事比正确地做事更重要。

管理大师彼得·德鲁克在《有效的主管》一书中简明扼要地指出："效率是'以正确的方式做事'，而效能是'做正确的事'。效率和效能不应偏废，但这并不意味着效率和效能具有同样的重要性。我们当然希望能同时提高效率和效能，但在效率与效能无法兼得时，我们应首先着眼于效能，然后再设法提高效率。"

在这段论述中，彼得·德鲁克提出了两组并列的概念：其一，效率和效能；其二，正确做事和做正确的事。在现实生活中，无论是企业的商业行为，还是个人的工作方法，人们关注的重点往往都在效率和正确做事。但实际上，第一重要的是效能而非效率，是做正确的事，而非正确地做事。正如彼得·德鲁克所说：“对企业而言，不可缺少的是效能，而非效率。”

“正确地做事”强调的是效率，其结果是确保我们的工作是在坚实地朝着目标迈进。换句话说，效率重视的是做一件事的最好方法，而效能则重视对时间的最佳利用——这包括做或是不做某一项工作，这两者的区别很大。同样的，“正确地做事”与“做正确的事”也有着本质的区别。“正确地做事”是以“做正确的事”为前提的，如果没有这样的前提，“正确地做事”将变得毫无意义。试想，在一个工业企业里，员工在生产线上按照要求生产产品，其质量、操作行为都达到了标准，他是在正确地做事。但是如果这个产品根本就没有买主，没有用户，那他做的就不是正确的事。这时，无论他做事的方式方法多么正确，其结果都是徒劳无益的。

正确地做事，更要做正确的事，这不仅仅是一个重要的工作方法，更是一种很重要的工作理念。任何时候，对于任何人或者组织而言，“做正确的事”都远比“正确地做事”重要。对企业的生存和发展而言，“做正确的事”是由企业战略决定的，“正确地做事”则是执行任务。如果做的是正确的事，即使执行中有一些偏差，其结果也可能不会致命；但如果做的是错误的事情，即使执行得完美无缺，其结果对于企业来说也肯定是灾难。

对企业而言，倡导“正确做事”的工作方法和培养“正确做事”的人，与倡导“做正确的事”的工作方法和培养“做正确的事”的人，其产生的结果是截然不同的。前者是保守的、被动的，而后者是进取的创新的、主动的。

想要保证工作高效能，我们就要正确地做事，更要做正确的事。那么，如何能够做到这两点呢?

1. 找出“正确的事”。

工作的过程就是解决一个个问题的过程。有时候，问题会摆到你的面前让你解决，这个问题本身已经相当清楚，解决问题的办法也很清楚，但是不管你要朝哪个方向走，想先从哪个地方下手，都要先确保自己正在解决的是正确的问题。

2. 开始时就明确最终目标。

每一件事和每一项工作都会有其特定的最好结果，这个最好结果就是我们做一件事和一项工作所期望达到的最终目标。只要明确了最终目标，就要保证你做的每一件事都不能与这个目标相违背，就要保证你做的每一件事都是在为这个最终结果而奋斗。

如果没有目标，就会变得漫无目的，就不可能有切实的行动，更不可能获得实际的结果。高效能人士最明显的特征，就是他们往往在做事之前，就清楚地知道自己要达到什么样的目的，并清楚为了达到这样的目的，哪些事是必须要做的，哪些事是无足轻重的。他们总是在一开始时就心怀最终目标，因而总是能事半功倍。

3. 学会说“不”。

一个人要做正确的事，就应当学会说“不”，不能让额外的要求扰乱自己的工作进度。对于许多人来说，拒绝别人的要求似乎是一件极为困难的事情。其实，拒绝的技巧是非常重要的职场沟通能力。在决定该不该答应对方的要求时，你应该先问问自己：“我想要做什么？或是不想要做什么？什么对我来说才是最好的？”

在做决定时我们必须要考虑，答应了对方的要求是否会影响自己既有的工作进度？如果确实答应了，我们又是否可以达到对方要求的标准？

4. 善用沟通。

沟通对提高工作效率有着十分重要的作用。例如，工作中你可能会出现“手边的工作都已经做不完了，又丢给我一堆工作，实在是没道理”这样的抱怨，如果你在这时候保持沉默，最后又没有完成工作，很可能会给老板留下办事不力的印象。所以，如果你的工作中出现了这种情况，你应该做的是主动沟通，清楚地向老板说明你的工作安排，主动提醒老板安排事情的优先级，并认真聆听老板的意见，这样可大幅减轻你的工作负担。

老板是需要被提醒的。在工作中，我们应该时刻提醒自己与老板的沟通是否充分，我们有没有适当地反映真实情况……如果我们不说出来，老板就会以为我们有时间和精力做这么多的事情。况且，他可能早就不记得之前已经交代给你太多工作了。

5. 有效过滤信息。

工作中，我们经常会被铺天盖地的电子邮件搞得疲惫不堪，更可怕的是，它们常常会分散我们工作的注意力，为我们做正确的事带来很大的干扰。为此，我们应该学会有效过滤次要信息，将自己的注意力集中在最重要的信息上。

一般来说，正确的过滤流程分为两个步骤：第一步，先看信件主旨和寄件人，如果没有今天非看不可的理由，就可以直接跳过。

这样做至少可以过滤 50% 的邮件。第二步，迅速浏览剩余的每一封信件的内容，除非信件内容是有关近期内（如两星期内）必须完成的工作的，否则也可以忽略。这样操作，就又可以过滤 25% 的信件，而最后剩下的那些，就是亟待你解决的重要问题了。

03.
打破思维定式，创新带来效益

> “如果有个柠檬，就做一杯柠檬水。”日事日清不能蛮干，转变思路才能解决问题。

罗天经营着一家小规模的皮鞋厂，只有十几个雇工，随着业务的发展他又陆续开了好几家分厂，这样一来，做皮鞋的技工便显得供不应求了。其他的工厂都出重资挽留自己的工人，因此即使罗天提高工资，也难以把其他厂的工人拉过来。没有工人，工厂将难以维持，这是最令罗天头疼的事了。他接了不少订单，但如果在规定的期限内交不上货，他将赔偿巨额的违约金。

罗天为此煞费脑筋。

他召集了自己几家皮鞋工厂的工人开了一次会。他坚信，三个臭皮匠顶个诸葛亮，众人协力，一定能把问题解决。会议上，罗天把缺少工人的难题告知大家，并宣布了一个动脑筋就有奖的办法。

一个不起眼的小伙子举起了手，在罗天应允后，他站起来发言：“罗天先生，没有工人，我们可以用机器来造皮鞋。”

罗天还未表态，底下就有人嘲讽说：“小伙子，用什么机器造鞋呀？你能给我们造台这样的机器吗？”

小伙子听了，怯生生地坐回了原位。这时，罗天走到他身旁，然后把他拉到主席台上，朗声向大家宣布：“诸位，这个小伙子说得很对，虽然他还造不出这种机器，但这个想法很重要，很有用。只要我们沿着这个思路想下去，问题肯定会很快解决的。”

“我们永远不能安于现状，不能把思维局限于一个框架之中，这样我们才能不断创新。现在我宣布，这个小伙子可以获得500元奖金。”

通过4个多月的研究和实验，罗天皮鞋工厂中的很大一部分工作都被机器取代了。

人做不了的还可以借助工具做。“穷则思变，变则通”，打破思维定式，创新不仅仅是为企业创造效益的工具，更是实现个人发展的良方。员工要生存，企业要发展，这就要求员工要具有较强的创新意识与创新能力。只有员工善于创新、勇于创新，才能在工作中创造非凡的成果，从而与企业不断达成双赢。俗话说：“山不转水转，路不转人转。”积极地开动脑筋，给自己的思维来场革命，世间就没有走不出去的死胡同了。

脑袋空空，口袋空空，脑袋转转，口袋满满。人与人之间的最大差别是脖子以上的部分。有人长期处于赚钱的误区，一想到赚钱就是开工厂、开店铺，这就是束缚了自己的思想，这一想法不突破，就抓不住那些新机遇。认真想一想，成功与失败、富有与贫穷只不过是一念之差。

1956年，美国福特汽车公司推出了一款性能优越、款式新颖、价格合理的新车。但这款新车上市后销售业绩平平，完全没有达到当初的预期效果。公司的经理们焦急万分，绞尽脑汁也没有找到让产品畅销的办法。

刚毕业的见习工程师艾柯卡是个有心人，他了解情况后就开始琢磨怎样能让这款汽车畅销起来。终于有一天，他灵光一闪，于是径直来到经理办公室，向经理提出了一个创意。

没几天，福特公司在报上刊登广告，标题是："花56元买一辆56型福特。"这是个很吸引人的口号，很多人纷纷打听详细的内容。原来，这就是艾柯卡提出的方法：谁想买一辆1956年生产的福特汽车，只需先付25%的首付款，余下部分可按每月付56美元的标准分期付清。

他的建议被公司采纳，而且成效显著。"花56元买一辆56型福特"的广告深入人心，它打消了很多人对车价的顾虑，创造了一个销售奇迹。艾柯卡的才能很快受到赏识，不久他就被调往华盛顿总部成为地区经理，并最终坐上了福特公司总裁的宝座。

这个极富创意的广告不仅解决了56型福特车的销售危机，更成为艾柯卡成功人生的起点，这就是主动寻找方法的好处。不惧困难，相信自己，方法永远比困难多。

“如果有个柠檬，就做一杯柠檬水。”柠檬太酸，不能算美味，但把柠檬做成柠檬水，却可以比许多甘甜的果汁饮料更有味道。工作中的问题就犹如柠檬，只要敢于创新，转换思路，把柠檬做成柠檬水，棘手的问题就会迎刃而解。

04.
提前设定目标，才能坚定前行

> 目标比幻想好，因为它可以通过努力来实现。一个人如果没有目标，就不可能完成任何事情，也不可能采取任何行动。一个人如果没有目标，就只能在做事的道路上徘徊，永远到不了任何目的地。

在非洲撒哈拉沙漠中有一个叫比塞尔的村庄，它坐落在一块1.5平方公里的绿洲旁，只要花费三昼夜的时间就能从这里走出沙漠。可是在肯·莱文发现这个村庄之前，世世代代的比塞尔人没有一个走出过大沙漠。这是为什么呢?

原来，比塞尔人一直都是凭感觉向前走，因为他们不认识北斗星，没有方向感的他们只能走出许许多多大小不一的圆圈。在一望无际的沙漠中，一个人若是没有固定方向的指引，最终只能回到他起步的地方。

肯·莱文发现比塞尔之后，便教当地居民如何识别北斗星。循着星星指引的方向，比塞尔人也相继走出了他们世代居住的沙漠。

如今，比塞尔已经成了旅游胜地，每一个来到比塞尔的人都会发现一座纪念碑，碑上刻着一行醒目的大字：“新的生活从选定方向开始。”

目标比幻想好，因为它可以通过努力来实现。一个人如果没有目标，他就只能在做事的道路上徘徊，永远也不可能完成任何事情，永远到不了任何目的地。

当巴顿将军只有七岁的时候，他就对自己的未来有了明确的目标：他要成为一个旅长——用他自己的话说，就是要做“玩具军刀的锋刃”。这个目标既单纯又简单，但巴顿却对此十分执着，他就像一个模范士兵一样，每天早上都会向他的父亲行军礼。

当巴顿长到十几岁的时候，他仍然在坚持不懈地努力去实现自己的目标。他大量阅读历史上伟大军人的故事，研究古代各位将军的事迹，研究战场布局和历史上各种著名的战役。在他的作文里，也总是充满了他对荣誉和英雄主义的憧憬。

巴顿很早就明白，要想获得生活中的荣誉，就必须持之以恒地努力。在西点军校读书期间，他刻苦努力，克服了阅读障碍症，并顺利毕业。最后，他完全靠自己的努力，成为美国陆军的将军——这是美国军队中的最高职位。他凭着对目标坚持不懈的追求和全力以赴的努力，终于达成了自己的梦想。

任何成功都不是一蹴而就的，巴顿将军的成功也是如此。他的目标是从当一个旅长开始的，而随着不断地努力，从一个一个实际的目标出发，就像上台阶一样，他最终到达了顶层，成为了将军。成功的人都是懂得分寸的人，他们不会直接给自己设立一个遥不可及的目标，而总是把大目标分成几个小目标。

当然，仅仅设立目标是不够的，设立了目标就要坚决执行。为此，制订一个执行的详细进度计划就十分必要了。我们可以按照时间顺序，把目标分解到每个月，每一周甚至是每一天。这样分步骤走，既可以监督自己的工作效果和进度，又不会偏离目标。

但目标也不是一成不变的，要根据市场的变化、公司的需求以及自己的工作进度来适时地进行调整。要在目标的执行过程中进行监控和审核，如果发现问题，就要立即反馈，并及时修正目标。新东方总裁俞敏洪多次讲到的这个故事，恰恰诠释了这个不断反馈修正目标的过程：

“他只是一个中专毕业生，但是最后他到了哈佛大学肯尼迪政府学院去读书。他的经历是这样的：中专毕业后，他在山西的一个小县城里做了保安。工作两年，他觉得在这工作实在是平庸无奇，而且周围的人都不思上进。他想要比周围的人生活得更好一点，于是他就背着个破书包来到了北京，在北大旁边租了个小平房，开始自学成人高考。

“他在北京坚持学习并最终通过这个考试，进入了学校，拿到了大学的文凭。他在学习的过程中认识了一些北大的教师和同学，这些人就鼓励他考北大政治系的研究生。于是他又开始准备北大政治系研究生的考试。经过两年艰苦的努力，他竟然真的考上了北大政治系的研究生。在校期间，他积极参加学生会活动，还曾经做过北大研究生会主席。

“在北大上了三年研究生，他本来只想毕业后留在北京工作，并没有想到要去国外留学。但是在实习的时候，他看到周围的同学好像都有毕业后留学的打算，意识到了留学对于他的工作和事业的重要性。一次偶然的机会，他认识了新东方的一个教师，这位新东方教师分析后觉得他出国留学很有希望，唯一要准备的就是通过 TOEFL 和 GRE 的考试。于是他又决定要考 TOEFL 和 GRE。他边工作边学习，准备了两年多，虽然他的英语基础不是很好，但是 TOEFL 却考到了 100 多分，GRE 也考了 290 多分。有了 TOEFL 和 GRE 的分数，他就有了出国最基本的条件。

“于是他就开始联系国外的大学。开始的时候他只是想联系美国很一般的大学，但是在朋友们的鼓励下，他有了联系好大学的想法。他抱着试试看的态度联系了哈佛、耶鲁等学校，没想到竟真的被哈佛大学录取了，但是哈佛大学没有给他奖学金，于是他又到处借钱做自我担保。在申请签证时签证官一看他是去哈佛大学读书，只例行公事问了他几个简单的问题就给了他签证。因为他没有奖学金，所以到哈佛后过得很艰苦，第一年拼命地学习，因成绩优异，第二年哈佛大学就给了他奖学金。2010 年 7 月，他以很好的成绩从哈佛大学毕业。我们曾请他来新东方演讲。他虽然目前服务于国外某世界级大型金融机构，但据说一直想寻求回国发展的机会。他最近还和我联系，希望在中国干一番事业。”

这个故事听起来让人热血沸腾。此人的奋斗过程很艰苦，也令人佩服：从默默无闻的中专生奋斗到世界顶级学府哈佛大学肯尼迪学院，他整整用了十年时间。但他这奋斗的十年，是踏实奋斗、目标明确的十年。他一次次提高对自己的要求，一次次成功跨越目标。开始的时候他并没有想到自己能去哈佛读书，他只是想取得中专、大学、研究生文凭。

当第一个目标达到了，肯定会有更高的第二个目标，第二个目标实现了，肯定会有更高的下一个目标。只要为了目标奋斗不止，就一定能够取得成功。

05.
工作要抓关键点，认准病根再下药

> 眉毛胡子一把抓，结果往往是事事着手，事事落空，即使事情能做成，也要付出更多的时间和精力。与此相反，有的人不管遇到什么样的问题，都能够以最快的速度抓住问题的关键点，并有针对性地采取相应措施，这样，再棘手的问题也能很快被解决。

美国华盛顿广场有名的杰弗逊纪念大厦因年深日久，墙面出现了裂纹。为了保护好这座大厦，有关专家进行了专门研讨。

一开始，大家认为损害建筑物表面的元凶是有侵蚀性的酸雨。但随着进一步研究，专家们发现每天冲洗墙壁所用的清洁剂对建筑物有酸蚀作用。那么，为什么要每天冲洗墙壁呢？因为墙壁上每天都有大量的鸟粪。为什么会有那么多鸟粪呢？因为大厦周围聚集了很多燕子。为什么会有那么多燕子呢？因为墙上有很多燕子爱吃的蜘蛛。为什么会有那么多蜘蛛呢？因为大厦四周有蜘蛛喜欢吃的飞虫。为什么有这么多飞虫？因为这里最适宜飞虫繁殖，它们在这里繁殖得特别快。为什么这里最适宜飞虫繁殖？因为大厦开着窗户且阳光充足，而且这里的尘埃也最适宜飞虫繁殖。

结果，解决问题的办法很简单，只需拉上整座大厦的窗帘就可以了。

专家们设计的一套套复杂而又详尽的维护方案最终成了一纸空文，因为他们都没有找到问题的关键。

解决问题不能一味地靠决心和蛮力，最重要的是要发现问题的关键。开家门的钥匙不能用来开汽车，问题不在钥匙，而在你的选择和使用。解决问题也一样，要有针对性地直击重点。

眉毛胡子一把抓，结果往往是事事着手，事事落空，即使事情能做成，也要付出更多的时间和精力。与此相反，有的人不管遇到什么样的问题，都能够以最快的速度抓住问题的关键点，并有针对性地采取相应的措施，这样，再棘手的问题也能很快被解决。

在日本，保险公司林立，千万个业务员都使出浑身解数兜揽保险生意，竞争之激烈可想而知。在这样激烈的竞争中，桂木一郎游说客户购买人寿保险时，却十之八九都能获得成功。奥秘何在？原来他总会随身带一个录有一段有趣对话的录音笔，工作时他会给顾客放这段录音。

录音的内容是这样的：

死者：“我生前总是做有利于他人的好事，一心向善，死后应当升上天堂，为何把我发配到地狱里来？”

阎王：“你死了，遗嘱成了问题。你哪有资格上天堂呀？”

死者：“我并非自杀，而是横遭意外而死，我是没有责任的嘛！”

阎王：“假如你生前投了意外死亡的人寿保险，你的家属就不会忍受苦日子了。”

死者：“哎呀，看来我不能升天国还是咎由自取喽，我一定要托梦给亲友，让他们不能忘了投保啊！”

这段对话不过几分钟，效果却让人叫绝！凡是听过这段录音的客户，都很爽快地购买了人寿保险。

朋友曾问起桂木一郎这件事：“为什么一段对话能吸引本不想投保的客户？”

桂木一郎笑道：“因为我抓住了人的天性。一旦自己撒手人寰，丢下家人怎么办？平时这个问题并非人人都会注意，而一旦把它挑明，就人人都会觉得重要了。为此他们当然要早作打算，想着万一有意外，也可做到死而无憾。但其实呢？真正遭到灾祸的概率很小，我和我服务的保险公司当然就发财了。”

桂木一郎能够成功地推销保险，是因为他抓住了人性的弱点，抓住了人们买保险的关键点，所以他能够获得巨大成功。

不能抓住问题的关键和症结，结果就是“治标不治本”。解决复杂的问题，先要“认准病根”，只有对症下药，才能起到立竿见影的效果。在工作中，没有人不希望能最快、最有效地解决问题，但有的人能做到，有的人却做不到，这其中的原因当然有很多，而是否懂得抓要点、抓根本是关键。

06.
盲目工作无意义，有序工作出效率

> 培根说过：“选择时间就等于节省时间，而不合乎时宜的举动则等于乱打空气。”没有合理有序的工作秩序，必然会浪费时间，这是低效工作。

由于公司刚刚搬到新的办公地点，林奇要在办公室里挂一幅字画，便叫同事帮忙。同事来看了看说：“直接在墙上钉钉子不好，还是先钉两个木块，把字画挂在木块上面。”林奇听从了同事的建议，就让他去找锯子锯木块。刚锯了两三下，同事又说：“不行，这锯子太钝，得磨一下。”

于是同事丢下锯子去找锉刀。锉刀拿来后，他又发现锉刀的柄坏了。为了给锉刀换一个木头手柄，同事拿起斧头去树林里找小树。就在要砍树时，他发现那把生满铁锈的斧头实在不好用，必须磨一

下。同事将磨刀石找来后又发现，要磨快那把斧头，必须用木条把磨刀石固定起来。为此，他又出去找木匠，想从他那里找一些木条。

然而，他这一走，林奇很久也没见他回来。最后，那幅字画还是直接钉在了墙上。

只是挂一幅字画，却由于林奇的同事盲目行动、毫无计划，时间都浪费在做无用功上了：找锯子、找锉刀、找斧头等。他看似忙忙碌碌，最后却一事无成。许多效率低下、工作不出成果的人最容易犯的错误，就是他们往往会盲目行动，毫无计划地把大量的时间和精力浪费在一些无用的事情上。

培根说过："选择时间就等于节省时间，而不合乎时宜的举动则等于乱打空气。"试想，如果一个搞文字工作的人任资料乱放，找个材料都会花上半天，还哪有效率可言？

工作的有序性，体现在对时间的支配上，这就要求我们首先要有明确的目的性。很多成功人士指出：如果能把自己的工作任务清楚地写下来，就是很好地进行了自我管理，就会使工作变得条理化，个人的能力也会得到很大的提升。

在我们周围有许多这样的人，他们走进办公室就开始忙碌，从早忙到晚，也不分工作的轻重缓急，一天下来总是觉得身心疲惫不堪，却又不知道自己这一天干了几件要事。真正的高效能人士要为效率而"忙"，而不是像无头苍蝇一样四处打转，越忙越"盲"，把工作搞得一团糟。

在一家大公司工作的小文一下班就向老妈诉苦，说自己每天从

一上班开始就忙个不停，一会儿干这，一会儿干那，天天忙得晕头转向。一起进公司的同学兼同事小李虽然和自己是做同样的工作，但他看起来却总是从容不迫的样子。更让小文心理不平衡的是，到月底工作量统计出来，自己却不如小李。

一位著名科学家说："无头绪地、盲目地工作，往往效率很低。正确地组织安排自己的活动，首先就意味着要准确地计算和支配时间。虽然客观条件使我难以做到这样，但我仍然尽力坚持按计划利用自己的时间，按分钟计算自己的时间，并经常分析工作计划未按时完成的原因，就此采取相应的改进措施。通常我会在头天晚上订第二天的计划，有时也会订出一周或更长时间的计划。即使在不从事科学工作的时候，我也非常珍视一点一滴的时间。"

我们常常能发现一些行动盲目、毫无计划的人，他们整天忙忙碌碌、晕头转向，却因为做了大量无意义的事情而使得忙碌毫无价值。我们可以忙，但绝不能在盲目中忙碌，而应该有计划、有顺序地忙。在早上开始工作时，如果不知道当天有什么样的工作要去做，就很容易像小文一样，把时间浪费在不重要的事情上。

很多时候，忙碌都是白忙，因为盲目的忙碌，我们忘了工作细节，忘了工作创新，忘了要完美地完成工作。因为无谓的忙碌，我们只记得去应付工作任务，只记得要做上级安排的工作，只记得每天走重复的程序。这样的忙碌是毫无意义的忙碌。

努力不等于成功，忙碌不等于效率，用时间来堆积利润的时代已经过去了。只有有秩序地忙，忙到点子上，才能忙出效率，忙出成绩。

IBM公司的创始人托马斯·沃森在回顾自己的职业生涯时说："我的助手有一个非常好的习惯，这也是我一直没有替换他的主要原因。他有一本与他形影不离的工作日记。每天早晨，他都会把前一天写好的工作计划再翻看一遍，而在一天的工作结束后，他要对这一天的工作进行总结，同时把第二天的计划做出来。"

这是一个多么好的习惯，也是我们提高做事的目的性所必须养成的习惯。助手能得到沃森的欣赏就在于他是一个有序的行动者，不盲目行动。有的人日理万机，但他们不是去做所有事。他们会拒绝出席那些无关紧要的应酬，然后通过判断，从一大堆需要花心思处理的事务中挑出最具价值的几项，并把大部分时间投注其中。他们往往有既定的目标，并且会预先设定达到目标所需的时间，而在说话时，也能一针见血地戳破重点，选择恰当的时机说出结论。

综上所述，一名日事日清的落实型员工应该在工作前就明确自己的工作是什么，并使工作组织化、条理化、简明化。毕竟，有秩序地忙碌才能最有效地利用时间。

07.
条条大路通罗马，学会变通有未来

> 一个卓越的人，必是一个注重寻找方法的人。当他发现一条路不通或太挤时，能够及时转换思路，改变方法，寻找一条更为通畅的路。

你走在路上，眼看就要到达目的地了，这时前方突然出现一块警示牌，上书四个大字：“此路不通！”你会怎么办？

有人选择仍从这条路过去，大有不撞南墙不回头之势，结果可想而知。因为已言明“此路不通”，所以这个人在碰了钉子后只能灰溜溜地原路返回。这种人在工作中常常会因“一根筋”到处碰壁，消耗了时间和体能，却无法将工作效率提高一丁点儿，结果只是做了许多无用功。

有人选择驻足观望，不再向前走，却也不掉头。他们内心的想法有二：一是认为自己已经走了这么远，再回头心有不甘，且尚存此路可走的侥幸心理；二是害怕如果回头了其他的路也不通。他们在这里等待，结果是驻足良久也未能前进一步。这种人在工作中常常会因懦弱和优柔寡断而丧失机会，业绩没有进展不说，还会留下无尽的遗憾。

还有一类人，他们会毫不犹豫地掉头离开，去寻找另外一条路。也许会再次碰壁，但他们会不断进行尝试，直到找到那条可以到达目的地的路。这种人是工作中真正的勇者与智者，他们懂得变通，会积极寻找解决问题的办法。

某地一些工厂排放污水，使很多河流污染严重，以致下游居民的正常生活受到了威胁。环保部门每天都要接待数十位前来投诉的居民，于是环保部门决定联合当地政府寻找解决问题的办法。

最初，他们考虑对违规排污水的工厂进行罚款，但罚款之后污水仍会排到河流中，不能从根本上解决问题。

有人建议立法，强令排污工厂在厂内设置污水处理设备。环保部门本以为这样问题就可以彻底解决了，却没想到，在法令颁布之后污水仍在不断排到河流中。而且，有些工厂为了掩人耳目，对排污管道乔装打扮，从外面看不到有什么破绽，可污水却一刻不停地在流。这个办法仍然没有解决问题。

之后，当地有关部门转变思路，采用了著名思维学家德·波诺提出的设想。他们制定了一个制度——工厂的水源输入口必须建在它自身污水输出口的下游。

看起来这是个匪夷所思的想法，但事实证明这方法确实管用，它能够有效地促使工厂进行自律。假如自己排出的是污水，那么输入的也将是污水，这样一来，还有哪个工厂会不采取措施净化输出的污水呢？

此路不通就换条路，正是遵循了这个信条，环保部门才最终找到了解决问题的办法。这个信条在我们的日常工作中同样适用。优秀的员工善于变换思路和方法，不会固守一种思路，也不会迷信一种方法，会审时度势，适时突破，在变化中迅速拿出新的应对方案。

有一天，江南春在外出办事等电梯的时候，听到有人抱怨电梯很慢，等电梯的时间很无聊。这一句话马上点醒了江南春："如果有电视，人们在等电梯的时候就不会感到无聊了，效果也会比招贴画好很多。"接下来他又想："我在电视上播广告怎么样？如果有比看广告还无聊的时间，我想大多数人还是会关注广告的。"

发现了空白，就要马上行动去填补空白，于是江南春很快就行动起来。2002年6月到12月，江南春说服了第一批40栋高档写字楼。2003年1月，江南春的300台液晶显示屏装在了上海50栋写字楼的电梯旁。2003年5月，江南春正式注册成立分众传媒（中国）控股有限公司，并担任董事局主席和首席执行官。此时，江南春已决定绕开竞争惨烈的传统媒体，去走"分众"之路，专攻楼宇液晶媒体了。

短短19个月的时间，江南春领导的分众传媒利用数字多媒体技术所建造的商业楼宇联播网，从上海发展至全国37个城市，网络覆盖面从最初的50多栋楼宇发展到6800多栋楼宇，液晶信息终端从 300 多个发展至 12000 多个，拥有 75% 以上的市场占有率。到 2016 年，江南春更是凭借自己独特的“分众”之路，成为了胡润百富榜上排名第 43 位的富豪。

从传统的广告代理到发现电梯传媒的“大蛋糕”，在当今市场环境瞬息万变的情况下，江南春勇于突破常规思路，发现市场空白，发现新的商机，创造了一个新的广告市场。

可见，变通能够让员工、企业灵活起来，从而产生超常的构思，提出不同凡俗的新思想、新观点。此路不通就换条路，这个方法不行就换个方法，这样的思想应该成为每一个员工的工作理念。学会变通，打破条条框框的束缚，勇于做一些别人没想到或不敢做的事情，或许就能成为江南春那样勇为天下先的开拓者、发展者和领导者。

第八章

技巧：
日清员工的八个专业工作方式

01.
提前做好准备，才能抓住机遇

> 提前几分钟工作是要为一天的工作做一个准备，对一整天的工作有一个宏观的认识，这样我们工作起来才会有条不紊，胸有成竹。

工作前的几分钟看似短暂，但如果能充分利用，在这段时间内对工作有一个宏观的认识，我们工作起来就会有条不紊、胸有成竹，这对之后一整天的工作都有利。

美国甲骨文软件公司就深谙先发制人、提前准备的道理，“永远领先半步”是他们为提升企业文化、增强企业核心竞争力而恪守的经营理念。甲骨文公司开拓新市场时总是领先竞争对手半步，而这半步就是经济学家和经济评论家常说的“领先市场，引导消费”。甲骨文公司的一位高层曾向媒体透露：“在别人的软件还没有上市计划，甚至正在开发的时候，我们的软件就已经上市了，但是我们通常也只比别人提前一个月的时间。”

2013 年，甲骨文公司超过 IBM 成为了全球第二大软件公司，而在 2017 年，甲骨文更是位居美国财富 500 强排行榜上的第 81 位，他们有这样快速的发展，毫无疑问是离不开那个“永远领先半步”的理念的。也许谁都知道“一步领先，步步领先”的道理，但问题的关键在于如何走出这领先的第一步。

曾有人这样形容现代职业人的竞争环境：“每一条跑道上都挤满了参赛选手，每一个行业都挤满了竞争对手。”在人满为患的跑道上和拥挤的行业竞争通道中，怎样才能成为一匹黑马，成为令人羡慕的领跑者呢？最简捷的方法就是比别人早一点做准备。

安娜在一家服装公司做销售，业绩一直不错。可是公司为了开拓其他市场，决定减少服装的生产量，同时裁减员工，仅销售岗位就要裁去一半人员，这让所有销售人员的心里都打起鼓来。大家平常的工作差不了多少，而现在，所有员工都面临着被裁的危险，谁走谁不走呢？

面对这种人人自危的情况，安娜却镇定自若，似乎并没有太在意。最后的结果是销售部人员走了一半，副主管也被辞退了，而安娜却升任了副主管。

原来，安娜在平常的工作中就十分注意整理客户的资料，又利用业余时间学习编程技术，为公司建立了一个庞大的数据库。这个数据库的建立为销售渠道的正规化提供了科学的依据，大大地提高了工作效率。早在一个月前，安娜就向主管展示了这个数据库，并得到了认可。现在，这个数据库正在等待讨论通过与实际应用。

升职后的安娜除了将销售方式正规化外，还积极联系境外的客户。当第一次与意大利客户签单时，总经理发现安娜竟能用流利的意大利语与客户交谈，不禁更加对她另眼相看。不久，安娜理所当然地升为副经理，成为这家公司里不可替代的销售骨干。

俗话说，“春耕莫等东方明，插秧莫等鸡开口”。工作上一帆风顺、取得一定成就的人都是比别人早走一步的人，然而这种提前做好准备的精神却容易被人们忽视。安娜的工作业绩一直不错，表面上看和大家没有什么区别，但实际上，安娜已经在平时一点一滴地做了许多能够提升自己价值的准备，无论是学编程还是客户的积累，以及意大利语的学习，都是准备工作的一部分。她因此领先了同事，在裁员的大环境下反被升职。

只有早做准备，才能在机遇降临的时候，更好地抓住它。

02.
学会抓住重点，才能提高效率

> 做事就像培植花木一样，与其把所有的精力都消耗在无意义的事情上，不如看准一项适合自己的重要事业，集中所有精力，全力以赴、埋头苦干，肯定可以取得杰出的成绩。

有经验的园丁往往会在花季把果树上过于繁茂的枝条剪去一些，一般人会觉得很可惜，但是园丁们知道，为了使树木茁壮成长，为了让以后的果实结得更饱满，就必须忍痛将这些旁枝剪去。若保留下这些枝条，那么将来的总收成肯定要减少数倍。同样的，这些花匠也会把许多快要绽开的花蕾剪去，这又是为什么呢？这些花蕾不是同样可以开出美丽的花朵吗？但花匠们知道，剪去其中的大部分花蕾后，可以使养分集中在剩下的少数花蕾上，这样，等到这少数花蕾绽开时，才可以开得饱满艳丽。

其实，做事就像培植花木一样，与其把精力分散，使它们都消耗在无意义的事情上，还不如抓大放小，看准一项适合自己的事，集中所有的精力全力以赴，埋头苦干。

第二次世界大战结束后不久，欧洲盟军总司令艾森豪威尔出任哥伦比亚大学校长。副校长要安排他听有关部门的汇报，考虑到系主任太多，他只会见各学院的院长及相关学科的联合部主任，每天见两三位，每位谈半个钟头。

在听了十几位先生的汇报后，艾森豪威尔把副校长找来，不耐烦地问总共要见多少人，副校长回答说共有63位。艾森豪威尔大惊："天啊，太多了！先生，你知道我从前做盟军总司令，那是人类有史以来最庞大的一支军队，而我只需接见3位直接指挥的将军，他们的手下我完全不用过问，更不需接见。想不到，做一个大学的校长，竟要接见63位主要领导！他们谈的我大部分不懂，但又不能不认真地听他们说下去，这实在是浪费了他们的宝贵时间，对学校也没有好处。你制定的那张日程表，是不是可以取消呢？"

工作效率最高的人会放过那些无足轻重的事情，去关注那些重要的事。如果一个人过于努力地想把所有事情都做好，那么他就不可能完成那些真正重要的事。

伯利恒钢铁公司的总裁理查斯·舒瓦普正在为自己和公司的低效率感到忧虑，他找到效率专家艾维·李寻求帮助，希望李能卖给他一套思维方法，告诉他如何在短时间里完成更多的工作。

艾维·李说："好！我用10分钟就可以教你一套效率至少能提高50%的方法。"

面对舒瓦普的怀疑，李继续说："我要你把明天必须要做的工作都记下来，然后按重要程度编上号码，最重要的排在首位，稍次一级的排在第二，依次类推。早上一上班，你就从第一项工作做起，认真地把它做完，然后用同样的方法对待第二项工作、第三项工作……直到你下班为止。即使你花了一整天的时间才完成了第一项工作也没关系，只要它是最重要的那个，你就坚持做下去。每一天都要这样做。在你对这种方法的价值深信不疑之后，叫你的公司的人也这样做。这套方法你愿意试多久就试多久，如果有用，就给我寄张支票，并填上你认为合适的数字。"

舒瓦普回公司后，按照李的方法试了几天，发现这个方法很有用，随即就填了一张25000美元的支票给李。后来他坚持使用艾维·李教给他的这套方法，并把它推广到整个公司。5年后，伯利恒钢铁公司从一个鲜为人知的小钢铁厂一跃成为当地最大的不需要外援的钢铁生产企业。舒瓦普对朋友说："我和整个团队坚持选最重要的事情先做。我认为给艾维·李的那张支票是我的公司多年来最有价值的一笔投资！"

"要事第一，抓大放小"的观念如此重要，却常常被我们遗忘。我们必须让这个重要的观念成为一种工作习惯，每当一项新工作开始时，都必须首先去确定什么是最重要的事，什么是我们应该花最大精力去重点做的事。

大的、重要的事情通常是与预先设定的目标有密切关联的，甚至是能推动目标更快达成的。这里有 5 个标准可做参照：

1. 完成这些任务可以使我更接近自己的主要目标（年度目标、月目标、周目标、日目标等）。

2. 完成这些任务有助于我为实现公司、部门、工作小组等的整体目标做出最大贡献。

3. 我在完成这一任务的同时也可以解决许多其他问题。

4. 完成这些任务能使我获得短期或长期的最大利益，比如得到公司的认可，得到升职加薪的机会。

5. 这些任务一旦完不成，会产生严重的负面影响，比如会被领导责备，干扰下一步计划的进行。

03.
分清轻重缓急，才能有条不紊

> 根据工作的轻重缓急来组织和行事，就能把工作逐一归类。用有限的时间去做最重要的事，你将不再为繁忙的工作所累，也不会再在没有多大意义的事上浪费时间。

大家应该都知道这样一个道理：如果先将一些大石块放进一个杯子里，那么之后还可以向杯子里灌进沙子和水。这大石块就相当于工作中最重要的事情，而沙子和水则是细碎的琐事。先做重要的大事，细碎的小事一定还有时间可以做完。但如果我们先把沙子和水放到杯子里，也就是说如果优先处理了琐碎的事情，那么就会如同那些大石块放不进杯子里一样，我们就没有足够的时间或精力去完成重要的事了。如果我们分不清事情的轻重缓急，把主要精力放在微不足道的事情上，那么重要的事情就很难完成了。

我们在工作中难免会被各种琐事、杂事所纠缠，如果没有掌握高效能的工作方法，就会被这些事弄得筋疲力尽、心烦意乱，总是静不下心来做该做的事。或者是被那些看似急迫的事所蒙蔽，根本就不知道哪些是最应该做的，结果白白浪费了时间。

许多员工认为，只要做事就有生产力，有生产力就会有成果。他们会拟订一份很长的任务清单，按上面所列的任务逐一去做，自信自己效率很高能够完成。他们似乎一直都很忙碌，没有喘息的机会，而且也是按着任务清单一一做完的，但达不到自己想要的成绩。这一切都是因为他们把真正要紧的事遗忘在了一旁，也没有针对实际情况去做任务的分类，出现这种结果也就不足为怪了。

由此可见，单单列一张任务清单是远远不够的，清单上的任务还要有一个先后顺序，就是要体现出主次地位，也就是我们这一节要讲到的优先要务。

凡事都有轻重缓急，重要性最高的事情，是不应该与重要性最低的事情混为一谈的，而是要优先处理。因此，列任务清单最重要的一点是要分类，将优先要务提炼出来，并确保你能时时盯紧这些最重要的事情，这样可以帮助你克服拖延的毛病。如果你养成了根据工作的轻重缓急来组织和行事的习惯，你就能合理地支配时间，有条不紊地按照重要性把工作逐一完成。这样你将不再为繁忙的工作所累，也不会再在没有多大意义的事上浪费时间，而知道什么事情最重要的员工，在处理这些优先要务时也很少会有拖延的情形发生。所以说，想成为优秀员工，就必须学会根据自己的核心价值，排定日常工作中的优先事项，并在自己的例行工作中养成这种习惯，坚持下去。

在医院里，尤其是在急诊室里，如果同时来了一批病人，护士最先做的就是对这些病人进行“检伤分类”，即根据紧急状况、受伤的严重程度、患者的生存概率等，决定对患者施以治疗的先后顺序。一个车祸的病人会比一个骨折的病人得到优先的治疗，即使骨折的病人是先到的医院。同理，我们在对待每一项工作时也应该先做好“检伤分类”，只有这样，重要的事情才能得到优先处理，这也就是我们所说的要务优先。

那么，应该怎样对工作进行分类呢?

评判工作优先程度的标准主要有两个，即“重要”和“紧迫”。分清这两个概念并不是一件易事，我们常犯的一个错误就是把紧迫的事情当作重要的事情去做，甚至有些人会将这两者混为一谈，但实际上，它们有很大的区别。所谓“重要”，是指那些具有重大价值，或会对你之后的工作产生重大影响的事项；而所谓“紧迫”，只是意味着事情必须立即处理，比如电话铃响了，尽管你正忙得焦头烂额，也不得不放下手边的工作去接听。紧迫的事通常是显而易见的，它们会给我们造成压力，逼迫我们马上采取行动，但不一定是很重要的。明确了这两个概念，我们就可以按照做事的先后顺序，把自己的工作分为以下四个类型了，即重要且紧迫的、重要但不紧迫的、紧迫但不重要的、既不紧迫又不重要的。

这么一分类，似乎我们只要把事情按照这个顺序依次办理就可以了，但事实上我们在工作的过程中，经常会给自己制造一些毫无意义的、细枝末节的小事，有时还会受到别人所制造的杂事的影响，于是我们设定好的清单又被打乱了。所以说，事先做好分类工作很重要，而坚定地按照清单去做更重要。只有把那些不是很重要的任务从清单上剔除，并做到不受干扰，才能事半功倍，提高工作效率。

04.
善于发现问题，才能劳而有功

> 弄清了“问题到底是什么”，就等于找准了应该瞄准的“靶子”。否则，要么是劳而无功，要么是南辕北辙。

松下集团最开始是生产电插头的，但是由于插头的性能不好，产品的销路大受影响，这让松下集团的创始人松下幸之助一筹莫展。

一天，他身心俱疲地独自走在路上，突然看见临街的窗口里一对姐弟正在争吵。原来，这位姐姐正在熨衣服，而弟弟想读书，却因为插头被占用了无法开灯。那时候，人们屋里的插头只有一个，用它做了这个就不能再做那个，于是这姐弟俩就为了插头问题吵个不停。

松下幸之助想:“只有一个插头，有人熨衣服，就无法开灯看书，反过来说，有人看书，就无法熨衣服，这不是太不方便了吗?何不想出同时可以两用的插头呢?”

他认真研究了这个问题，不久，他就设计了两用插头的构造，并让工厂据此制造。

第一批试用品问世之后，很快就卖光了，之后订货的人越来越多，简直是供不应求。松下只好增加工人，扩建工厂。

松下幸之助的两用插头，解决了用电共享问题，当然，也自然而然地解决了松下公司的亏损问题。他的公司从此步入正轨，逐年发展，时至今日，已成为了家喻户晓的大型跨国企业。至2018年7月19日，《财富》世界500强排行榜发布，松下位列第114位。

很多问题就在我们的身边，只看你是否有发现它们的眼睛。一段再普通不过的争吵引起了松下幸之助的注意，让他发现了商机，继而发明了两用插头。如果没有一双善于发现问题的眼睛，松下就会错过这次机会，他的公司可能就不会像今天这么成功。所以说，发现问题也是一种能力，只有先发现问题，才能去解决问题。

发现问题说起来很容易，实际做起来却很难，因为问题的关键往往是一些小细节。“要想让时针走得准，就必须控制好秒针的运行。”我们要发现问题的关键，提高解决问题的能力，就必须关注细节，坚持从细节入手。

一天，美国福特公司客服部收到一封客户的抱怨邮件，邮件上是这样写的:

“我们家有一个习惯，就是每天吃完晚餐后，都会以冰淇淋作为饭后甜点。但自从我买了一部你们的车子后，在我去买冰淇淋的这段路上就常常会发生问题：每当我买的冰淇淋是香草味时，我的车子就发动不了；但如果我买的是其他口味，车子发动得就很顺利，这是为什么？”

很快，客服部派出一位工程师去查看究竟。当工程师找到发邮件的客户时，对方刚好用完晚餐准备去买今天的冰淇淋，于是工程师跟着他往冰淇淋店开去。结果，当这个人买好香草口味的冰淇淋回到车上后，车子真的发动不了。

这位工程师之后又连续来了三个晚上。

第一晚，巧克力冰淇淋，车子没事。

第二晚，草莓冰淇淋，车子没事。

第三晚，香草冰淇淋，车子没法发动。

这到底是怎么回事？工程师忙了好几天，依然没有找到问题所在。他有点气馁，不知道是不是该放弃，转而接受给顾客退车的现实。但职业的使命感使这位工程师冷静了下来，他开始分析这些天的种种情况，如天气的状况、汽油的种类、车子开出以及开回的时间等。不久，工程师发现，这个人买香草冰淇淋所花的时间比买其他口味时花费的时间要少。这是因为香草冰淇淋是所有冰淇淋中最畅销的，店家为了让顾客都能很快地拿取，便将香草口味特别分开陈列在单独的冰柜中，并将冰柜放置在店门口。因为实在也没有其他的变量了，那么车子能不能发动显然就跟买冰淇淋的时间长短有关。

现在，工程师的疑问是，为什么这部车会因为从熄火到重新激活的时间较短就无法发动？这当然不是香草冰淇淋的关系。工程师很快就想到了答案：应该是“蒸汽锁”。客户买其他口味的冰淇淋时花费时间较多，因此引擎有足够的时间散热，重新发动时就没有太大的问题。但是在买香草口味冰淇淋时，由于间隔时间较短，引擎没有足够的时间散热，这才导致车子无法发动。

在这个事件中，问题的症结点在一个小小的“蒸汽锁”上，这是一个很小的细节，而工程师发现了它，从而找到了解决问题的关键。

问题在等待发现它的眼睛，找准问题，抓住关键，是每个日事日清高效员工应该具备的能力。就如著名的人力资源培训专家吴甘霖博士所说：“要解决问题，首先要对问题进行正确的界定。弄清了‘问题到底是什么’，就等于找准了应该瞄准的‘靶子’。否则，要么是劳而无功，要么是南辕北辙。”

05.
记好工作日记，才能查有可寻

> 在工作中使用工作日记，不仅可以免掉许多不必要的文件、档案的留存，还可以将要做的事清楚地记录下来。这是一种帮助记忆的手段，能有效地提醒你，让你提高工作效率，从而赢得上司的信赖。

高效率的员工应该养成记工作日记的习惯。在工作中认真细致地做好统筹安排，同时注重对已完成工作的记录，对任何人来讲都是大有裨益的。坚持记工作日记，也许短时间内你感觉不到这个习惯带给你的帮助，不过长期坚持下来，你就会感觉到它的效果了。

中国有句俗话："好记性不如烂笔头。"一个人的记性不管有多好，时间长了，有些东西也总会被遗忘，或者记得模模糊糊，这对一个人的工作是极为不利的。如果能将工作中的一些事，特别是一些重要的内容写下来，不仅可以免掉许多不必要的文件、档案的留存，还可以将要做的事清楚地记录下来，不用担心遗忘了。这种方法能有效地提醒你，也能提高你的工作效率。

当你每天早上打开当天的工作日记，马上就能找到想要的东西时，你会因为没有把工作事项忘了而心安；你可以把苦思冥想去回忆或重新寻找以往资料的时间省下来，用在其他的工作上；你总能知道你的约会、计划和工作都在什么时间，你也能知道你要做的或已经做过的工作内容都是什么，这样一来，你就用不着分心于其他事，工作就变得相当有效率了。同时，工作日记还能记录你的工作状况，让你清楚看到自己在某段时间的变化，从而引导你及时调整自己的工作方法与技巧，更好地走向新的目标；它还能提醒你在适当的时候发个邮件、打个电话，与同事、朋友保持联络……总的来说，使用工作日记能让你用最少的时间，以最充沛的精力去完成工作。

美国效率管理专家露西·哈翠克建议，记录工作日记时，最好使用更简化的记事本，即口袋型记事本。在记事本中，你可以将各个事项分为以下四种来登记：常用电话号码、待办杂务、待写文件、待办事项。而在某件事情办好之后，你就可以用笔把它划掉，以此作为标记。

如果还想更进一步，在记事本中还可用颜色加以区分，如用红笔显示紧急事务而用黑笔代表一般的事。依需要选择不同颜色，标出事情的优先顺序和重要程度，这样更能提高效率，也可避免事到临头一团糟。

为了使工作条理化，在工作日记中不仅要明确你的每项工作内容是什么，还要明确每年、每季度、每月、每周、每日的工作及工作进程，以此保证你能有条理地连续工作，保证能正常执行任务。有可能的话，请在工作日记里为日常工作所进行的项目编出目录，这样更能节约时间，也是提醒自己的一种手段。

实际上，“有序”是时间管理的重要原则，正确地组织安排自己的活动，首先就意味着准确地计算和支配时间。虽然客观条件使得你一时难以做到，但只要你尽力坚持按计划利用好自己的时间，并就此进行分析、总结和记录，并采取相应的改进措施，你就一定能提高效率。

06.
摆脱路径依赖，培养好的习惯

> 人们一旦做了某种选择，就好比走上了一条不归路，惯性的力量会使这一选择不断自我强化，并让人很难轻易走出去。

道格拉斯·诺思是第一个使“路径依赖”理论声名远播的人，他用“路径依赖”理论成功地阐释了经济制度的演进，并因此获得诺贝尔经济学奖。

诺思认为，事物一旦进入某一路径，就会对这种路径产生依赖。而经济生活与物理世界一样，都存在着报酬递增和自我强化的机制，这种机制导致的结果是，人们一旦选择了某一路径，就会在以后的发展中出于惯性不断自我强化，于是就很难再改变路径了。他们沿着这条既定的路径，可能会进入良性循环的轨道，迅速优化，但也可能会因为这一路径一开始就是错误的，而只能沿着错误的路径往下滑，或者被“锁定”在某种无效率的状态下停滞不前，当人们一旦进入被锁定的状态，想要脱身就变得十分困难了。

这个难以改变的路径其实就是习惯。人的一个行为透过一再的重复，由细线变成粗线，再变成绳索，又经过强化重复的动作，绳索又变成链子，最后定型成了不可迁移的习惯与个性。这就是上文说到的“路径依赖”。

常言道：“播种一种行为，就会收获一种习惯；播种一种习惯，就会收获一种性格。”好的习惯主要依赖于人的自我约束，或者说依靠人对自我欲望的否定。然而，坏的习惯却像杂草一样，随时随地都能生长，能使一片美丽的园地变成杂草丛生的荒地。因此我们要注意，应有意识地去培养那些有利于我们的好习惯，毕竟习惯一旦养成，出于“路径依赖”的心理，就很难再改变了。

也许你并没有多高的天赋，但是，一旦你有了好的习惯，它就会给你带来巨大的收益，这收益可能会超出你的想象。不过，如果仅凭一时的意志就想养成习惯，那只会使你感觉到累而生厌。习惯的养成是需要用科学的方法来支持的。

1.选择适当时间。

想改变习惯却害怕失败，于是一再拖延，这是许多人都曾遇到的问题。其实改变习惯并不是个严肃的事情，事不宜迟，只要选一个较为轻松的日子，直接开始就是了。不过，你选择的时间应没有亲朋好友来你家小住，也没有太多限期完成的待办工作。不要选择年底之前，年底既要准备过节，又要赶着完成年终工作，不免会忙碌紧张，那种压力只会使你变得懒惰，不仅好习惯无法培养成功，而且有可能让恶习加深。

2. 运用意愿力。

习惯之所以形成，是因为潜意识把这种行为跟愉快、慰藉或满足等正向的感受联系了起来。潜意识不属于理性思考的范畴，而是情绪活动的中心。“这种习惯会毁掉你的一生！”理智可能会这样说，但潜意识却不理会，它“害怕”放弃一种能令它得到安慰的东西。运用理智对抗潜意识，几乎是不可能成功的，因为这需要很强的意志力。因此，不论是要戒掉恶习，还是要培养好习惯，意志力都不及意愿力有效。

3. 找个替代品。

另外培养一种新的好习惯后，改掉坏习惯就会容易得多。有两种好习惯特别有助于改掉大部分坏习惯。第一种是采用一个有营养和调节得宜的食谱，这是因为不良的饮食习惯很容易造成血糖的时升时降，从而使得情绪不稳定，进而会让人更依赖坏习惯带来的片刻慰藉。第二种是经常适度做运动，运动不仅能促进身体健康，还会刺激脑啡——脑内一种天然类吗啡化学物质的产生，而这可以让人感到愉悦，从而更容易摆脱对坏习惯的依赖。

4. 按部就班。

一旦决定改变坏习惯，就应拟订当月的目标，利用目标的“吸引力”来激励自己。当然目标要切合实际，如果目标太大，就把它化整为零。每当达成一项小目标时，不妨自我奖励一下，借以加强目标的吸引力。

5. 切勿气馁。

成功值得奖励，但失败不必气馁。在改变坏习惯的时间内如果偶有失误，不要引咎自责或放弃，因为一次失误不见得是故态复萌。

6. 转移注意力。

人们往往认为，在改掉某个坏习惯时，重染旧习的强烈愿望终会成为破坏力量，毕竟“路径依赖”的惯性很强，避免重染旧习要远比最初改掉这个习惯更困难。但其实只要你在适当的时候转移一下注意力，即使只有几分钟，那种重拾坏习惯的冲动就会消散，而你的自制力也会因此加强。你把新形象维持得越久，也就越有把握不重蹈覆辙。

07.
与其追求完美，不如追求标准

“追求完美”听起来是一个美丽的口号，但做起来却是一个美丽的陷阱。过于追求完美，就是要把一件事情做到非常非常好，否则不会放手，而有时候这种过度追求完美是以降低工作效率为代价的。

一个偶然的机会，一个养殖珍珠的人在他的养殖场里发现了一颗美丽而又巨大的珍珠，但待他仔细把珍珠洗净以后，却在显微镜下发现它的表面有一个细小的斑点。

为了让这颗珍珠成为世界之最，他仔细地打磨珍珠的表面，试图将这个细小的斑点磨掉。当他磨掉珍珠的表面之后，却发现那个小斑点依然存在。

于是他继续磨，但这个斑点总是隐约可见。最后，斑点终于被除去了，而这颗巨大的珍珠也成了一个小不点，已经毫不起眼了。

微小的瑕疵本不会影响到珍珠的美丽，养殖珍珠的人过分追求完美，把大珍珠磨成小珍珠，使其丧失了巨大的价值。

其实，完美永远只是一个相对的概念。在激烈的职场、商场竞争中，在繁忙的工作中，标准可能比完美更重要。“追求完美”听起来是一个美丽的口号，但做起来却是一个美丽的陷阱。因为当你过于追求完美时，就要把一件事情做到非常非常好，否则不会放手，但这个时候，你的工作效率也就大大降低了，最后结果往往是得不偿失。

与其追求完美，不如追求标准，这样做也更符合商业市场的原则。

宝洁公司的营销能力强，是早已被营销界所公认的。在全世界范围内，宝洁公司培养的品牌经理和通用电气培养的CEO一样，都拥有最好的美誉度。但2002年，宝洁却在中国市场打了一场败仗，他们推出的第一个本土品牌——润妍洗发水，因在上市1年半后依旧默默无闻，不得不黯然退市。

为了应对市场上各种“植物”“黑发”概念的进攻，在1997年，宝洁调整了产品战略，决定引入黑发和植物概念品牌——“润妍”。

在新策略的指引下，宝洁按照其一贯的流程开始研发新产品。从消费者到竞争对手，从名称到包装，宝洁处处把关，进行了长达3年的市场调查和概念测试。就在宝洁按部就班研发润妍时，1998

年，“植物一派”“黑头发，中国货”的开拓者重庆奥妮由于错误的广告策略遭遇巨大失败，市场份额急剧缩水，曾被奥妮牢牢占据的“植物”“黑头发”概念市场出现了空白。如果宝洁能够抓住这个千载难逢的机遇快速推出润妍，肯定会大获成功，但是宝洁在追求完美，不紧不慢地按着自己的流程进行调研。于是，这个机会被夏士莲黑芝麻洗发水抓住了，它成功填补了奥妮首乌留下的市场空白。等到润妍终于上市时，面对的竞争形势已经与宝洁在这3年里设想过的完全不同了。可想而知，润妍刚一上市就遭遇了很大的困难。润妍在上市之后的2年内，销售额大约1亿元，但前期投入的广告费用就约占10%。2年后，润妍虽获得了一些认知度，但其最高市场占有率也从未超过3%，不过是飘柔市场份额的1/10。这样的业绩在宝洁看来就是失败，所以润妍很快就退出了市场。

过分追求完美、重视流程的宝洁把宝贵的3年时间花在了前期的市场论证和研究上，但这么做让风险降低了吗？没有！宝洁由于效率太低，使竞争对手获得在这个细分市场迅速崛起的时间，润妍的机会因此下降，最后不得不退出市场。

除了大企业，许多个人也不注重速度，只注重完美。在工作上追求尽善尽美的态度是正确的，但若为了追求完美不断在一件事情上打磨，那就是浪费时间了，是大可不必的。如果你是一个画家，一个音乐家，一个电影艺术家，那么这种追求完美的态度是值得肯定的，但大多数人只是在商业社会中做着普通的事情，这些事每一项都有其标准，多数时候，只需要达到这种标准就可以了，没有必要去过度追求完美。电脑操作系统一直有各种毛病，但微软没有纠结于创造一个完美的系统，而是选择及时推出新产品，用快速推出改进型产品的策略抢占市场，这才占领了软件市场的头一把交椅。

中国有句古话，叫作“秀才造反，三年不成”。为什么会“三年不成”呢？有人把原因归结为胆小，有人认为其背景不足，但真实原因应该是秀才们思考得太多、太复杂了！这些秀才也许会这样想：

第一，“造反”开始时要如何筹备，谁出钱谁出力？兵器打造了多少，够不够用？先攻哪里，再攻哪里？如果攻不下怎么办？攻不下又分好几种情况，出现每一种不同的情况时又要怎么办？如果被官兵事先发觉了怎么办？如果家属受到牵连怎么办？粮草辎重的供给怎么办？……

第二，“造反”取得小胜后，如何稳固根基？怎样安排家属随军？如何安抚民心？谁负责哪一块，能不能做好？如果官军派大军来围剿，怎么打？打得过怎么样，打不过又怎么样？如果造反一开始就失败了，怎么脱身？被抓住了又怎么应付？……

第三，“造反”成功后成果如何分配？推举谁为首领？每个人各担任什么职务？以后加入的人怎么分配成果？推行什么样的政策？怎么处置抓获的达官贵族？在什么地方定都？可供选择的几个大城市又各有哪些利弊？首领去世后要推举谁为下一任领袖？又应该让谁来辅佐？……

秀才们的脑海里有太多的“如果”“怎么办”，在八字还没一撇的时候，就恨不得连后面的所有计划都想好，只待到时候按部就班地去做，但这样的做法最后只会一事无成。像这种追求完美的做法，往往会影响到我们做事的效率和计划的执行，而且一旦中间出现没有预料到的变化，我们就会手足无措。工作中我们应当追求“完成主义”而非“完美主义”，一个周详的计划固然重要，但我们也不能因为过于追求完美而忽略了行动和效率。

08.
多工作一点，就多一点收获

> 成功的人永远比一般人做得更多、更好、更彻底。

工作是需要积极主动的，比别人多做一点，是自己对自己的要求。不要计较当下有没有报酬，把眼光放长远一点，总有一双眼睛会发现你，即使没有，这也是对自己能力的一种锻炼，一旦有机会，你也能轻而易举地抓住它。

你甚至不必比别人多做很多，只需多一点，就可以使你从众人中脱颖而出。著名的基金经理人约翰·坦普尔顿通过大量的观察研究，得出一个结论，那就是“多一盎司定律”。他指出，取得突出成就的人与取得中等成就的人几乎做了同样多的工作，他们所做出的努力差别很小——只是“多一盎司”。一盎司只相当于 1/16 磅，但是，就是这微不足道的一点点区别，却让工作大不一样。

这好比两个人在参加马拉松比赛，在奔跑2个小时以后，他们都完成了42公里的赛程，还有不到200米就将到达终点。当时的情况是，两人都十分劳累、难受，双腿灌铅，胸口发闷，于是一个人选择了放弃，另一个则坚持了下来。相对于他们跑过的漫长路程，余下这一段短短的距离所具有的价值和意义是不言而喻的，没有这几步，此前的努力将变得毫无价值；有了这几步，就能取得马拉松比赛的胜利。取得中等成就的人就是少跑了几步，不幸的是，这几步往往是最有价值的几步。

付出多少，得到多少，这是一个众所周知的因果法则。也许你的投入无法立刻得到相应的回报，但不要气馁，因为回报可能会在不经意之间，以出人意料的方式出现。最常见的回报是晋升和加薪，不过，除了老板以外，回报也可能来自他人，以一种间接的方式实现。

西方有句谚语说得好："工作中的傻子永远比睡在床上的聪明人强。"对于那些刚刚步入社会的年轻人来说更是如此。要想取得成功，必须做得更多更好。毕竟，成功是一个过程，是将勤奋和努力融入每天的生活中的过程。

当亨利·瑞蒙德刚开始在美国《论坛报》做责任编辑时，他一星期只能挣到6美元，但他还是平均每天工作13至14个小时。往往是整个办公室的人都走了，只有他还在工作。"为了获得成功的机会，我必须比其他人更扎实地工作。"他在日记中这样写道，"当我的伙伴们在剧院时，我必须在房间里；当他们熟睡时，我必须在学习。"

正是因为这种要比别人多做一点的精神，使得瑞蒙德最终成为美国《时代周刊》的总编。“刻苦勤奋”向来是所有成功者的不二法门，他们取得的成功不是依靠别人，也不是偶然，而是靠他们怀着热忱主动工作，付出比常人多出几倍的努力。

一个人做事的好坏，只要看他工作时的精神状态，就可以了。如果你是被动而非主动地去工作，那你就会像奴隶在主人的皮鞭之下一样感受到痛苦；如果你以为自己的工作是乏味的，甚至对此感到厌恶，那么你就会产生抵触心理，在这个工作上也绝不会取得什么成就。

一些人认为只要准时上班，不迟到、不早退就是完成工作了，就可以心安理得地领所谓的报酬了。这样的人不一定是认真工作的人，他们在工作中远离了“工作”，不愿意为此多付出一点，更没有将工作看成获得成功的机会。

如果只有在别人注意时才有好的表现，那你永远也无法达到成功的彼岸。最严格的标准应该是自己设定的，而不是别人要求的。如果你对自己的期望比老板对你的期望还高，那么你便无须担心会失去工作。同样，如果你能达到自己设定的最高标准，那么升迁也将指日可待。主动工作、比别人多做一点的人能从工作中学到比别人更多的经验，而这些经验便是你向上发展的基石，就算以后换了公司，甚至是从事不同的行业，那些丰富的经验和良好的工作方法也必会给你带来帮助。

第九章

实例：高效率的海尔模式

01.
海尔效率源自日事日清

> 日事日清，才能造就一流的企业。基于效率，张瑞敏借鉴国外先进企业的管理方法，提出了具有海尔特色的 OEC 管理模式，即海尔模式。这种模式曾获得国家企业管理创新“金马奖”、企业改革“风帆杯”，并引得全国企业竞相学习借鉴。

海尔创始人及总裁张瑞敏说，对于海尔他唯一担心的就是效率问题。效率对企业的效益起决定作用，要想打造一流的企业，必须拥有一流的工作效率，效率低下将最终成为制约企业发展的致命软肋！

当时企业管理上普遍存在一个问题，即管理对过程控制不细。生产制造过程中到处是“金”，生产的投入与产出之比不合理，就会造成严重的浪费。为解决这一问题，提高工作效率，最好的方法就是企业要克服做事拖拉的恶习，做到日事日清。

所谓“日事日清”，即每天对各种消耗和质量进行清理，找出原因，落实责任，做不到日清，不准下班回家。这就是日清日高管理法的雏形。张瑞敏发现这是一种非常实用而有效的办法，于是加以推广，并在其他工作中应用。之后张瑞敏又借鉴日本企业的管理方法，提出了具有海尔特色的 OEC 管理模式，即海尔模式。

OEC 管理法是一种全方位优化管理法，其所谓的 OEC，是 Overall Every Control and Clear 的缩写，即 O—Overall（全方位），E—Everyone（每人）、Everything（每件事）、Everyday（每天），C—Control（控制）、Clear（清理）。简单来说，也就是“日事日清，日清日高”。

总账不漏项，事事有人管，人人都管事，管事求效果。按照 OEC 的管理模式，上至总裁，下至一般员工，无论在什么岗位，都应该十分清楚自己一天的工作目标，知道自己应该干什么，干多少，按什么标准干，要达到什么效果。除此之外，当天发现的问题还会遵循“日日清”原理，在当天被解决。

在达到企业事务“日清”的目标以后，张瑞敏清醒地认识到，只有打破平衡状态，创造新的动力，才能带动企业攀上新的台阶，取得持续、稳步的发展。企业原先的动力，最多只能使企业在“市场的斜坡”上维持原来的高度。动力来自差距，认清差距，就明确了目标，也就产生了缩小这种差距的新动力。于是张瑞敏在“日日清”的基础上，给 OEC 管理法又添了一道内容：“日日高”。每天提高 1%，在原有基础上或提高质量，或增加数量，或降低成本，或改进工艺，或革新工具，总之，要在某个方面有所改进，有所提高。

根据海尔的实践来看，将 OEC 管理法长期坚持下去，所获得的效果将是惊人的。它不仅能提高管理的精细化程度，还能提高流程控制能力，完善企业的激励机制。

首先，从 OEC 能提高管理精细化程度的角度看，由于它以追求零缺陷、高灵敏度为目标，因此可以说这种方法把管理问题控制在了最小范围，并可以在最短时间内解决问题，这样就能使企业的经济损失降到最低，逐步实现管理的精细化。

OEC 清除了企业管理的所有死角，将过去每月一次总结问题的管理变为每日的检查和分析，加强了企业对瞬间状态的控制，使人、事、时、空、物等因素不断优化，从而为生产提供了优质保障，不良品率、材料消耗大幅度下降，管理达到了及时、全面、有效的状态。

其次，从 OEC 能提高流程控制能力的角度看，它的作用有三。一是员工自控能力普遍提高，所有员工都以追求经济损失最低、收益水平最高为目标，苦练基本功，提高技术技能，在努力消灭不良产品的同时自我把关，决不让不良产品流入下一道工序。二是企业控制能力普遍提高，通过实行质量奖惩价值券，各道工序之间的质量互检工作得到了加强。三是生产专控能力得到加强，在各生产环节，各职能部门的巡检人员定时巡查，进行瞬间纠偏，使各环节始终处于有效控制之中。就这样，通过“日清工作法”，海尔的各项管理工作实现了由事后把关向全过程控制的转变，受控率从岗位看达到了 100%，从时间上看，则由过去的 50% 达到了 98% 以上。

最后，从OEC能完善企业激励机制的角度看，实行“日清工作法”，使海尔形成了对不同层次、不同侧面均有激励作用的激励机制。在分配上，海尔推行了计点到位、计效联酬的全额计点工资，而在用工上，则实行“优秀工、合格工、试用工三工并存，动态转换”，对人员的使用全部实行公开招聘、公开竞争、择优聘用。在这样的机制下，有许多有理想、有作为的青年脱颖而出，二十多岁的处长、分厂厂长随处可见。在考核上，海尔对员工按日进行七项日清考核，对干部按事挂钩，对单位按年度总兑现。在奖励上，海尔对个人设有海尔奖（分金、银、铜）、希望奖（分一等、二等、三等）、合理化建议奖；对集体设有合格班组、信得过班组、免检班组、自主管理班组等集体荣誉奖，这极大调动了全体员工奋发向上、追求卓越的积极性。

OEC管理实现了基础管理的精细化、规范划、科学化、标准化、目标化、效率化、效益化和经济化，有效地提供了企业的止动力，让海尔能在竞争日益激烈的环境中稳住地位。它提高了流程的控制能力，在整个企业的运营过程中有效地控制了各个部门、各个环节间的联系，使企业能有条不紊地运转。正是因为有着可靠的基础管理方法，海尔不但能保证企业正常运行，并且还把这种管理引入企业纵向与横向发展的领域，有效地支持了进一步发展的基础管理需要。同时，OEC管理法也加强了员工素质的培养，时刻要求员工和企业要有进步，这为企业的壮大奠定了基础。正是因为这套严格的管理，海尔才能在变化的环境中有条不紊地运转，并且有了足够的准备向新的领域、新的台阶迈进。

02.
以日事日清俘获客户的芳心

> 作为国内最后一家引进冰箱项目的工厂，海尔以质量、速度制胜，“迅速反应、马上行动”成为全体海尔人一致的工作作风。

“拿下美国B客户非常难！”海尔洗衣机海外产品经理崔淑立接手美国市场时大家都这么说，因为前任各产品经理都没有拿下这位客户。

真这么难吗？崔淑立不信。这天，崔淑立一上班就看到了B客户发来的要求设计洗衣机新外观的邮件。因时差12个小时，此时正是美国的晚上。崔淑立很后悔，如果能即时回复，客户就不用等到第二天才能看到邮件了！从这天起，崔淑立决定以后晚上过了11点再下班，这就意味着她可以在美国时间的上午就处理完客户的所有信息。

3天过去了，“夜半日清”让崔淑立与客户能及时沟通，开发部很快完成了洗衣机新外观的设计图。就在要把图样发给客户时，崔淑立认为还必须配上整机图，以免影响确认。当她“逼着”自己和同事们完成“日清”，把整机图和外观图一并发给客户时，已经是晚上了！

其实，市场没变，客户没变，拿大订单的难度没变，变的只是一个有竞争力的人——崔淑立。崔淑立完全有理由说：“有‘时差’，我没法当天处理客户邮件。”但她只认目标，不说理由。为什么？崔淑立说：“因为，我从中感受到的是自我经营的快乐！有‘时差’，也要日清！”

在海尔市场链的机制下，员工的境界达到了全新的高度，他们主动工作，一切为了满足用户需求。可见，一个企业，只要机制对了，员工就会产生工作热情。大约凌晨1点，崔淑立回到家，立刻打开家中电脑，当她看到客户的回复：“产品非常有吸引力，这就是美国人喜欢的。”她顿时高兴得睡意全无，为自己的“夜半日清”有效果而兴奋不已。

样机推进中，崔淑立常常半夜醒来打开电脑看邮件，可以回复的就即时给客户答复。美国那边的客户被崔淑立的精神打动，推进速度变得更快。没过多久，B客户的第一批订单就敲定了！

如此贯彻执行日清工作法已经成为海尔的一面旗帜，正是运用了这种工作模式，才使得海尔的工作效率得到极大提高。它是海尔成功的一大法宝，为海尔带来了巨大的经济效益，使海尔在经营规模和市场地位上都实现了大的飞跃。

世界500强之一的汽车零部件生产商W公司犯难了。因为W公司给某汽车厂配套生产的一款新车即将上市，但原来给他们加工零部件的一家上海供应商速度太慢，导致汽车无法按时出厂。

W公司找遍了上海也没有找到一家供应商能迅速给他们提供零部件。一个偶然的机会，W公司的一个合作伙伴提出了一个建议："听说海尔有一个模具事业部，他们的速度应该很快。"

因为急着赶进度，W公司抱着试试看的想法找到了海尔事业部的市场部。市场部部长谭伟红一听便道："速度正是我们的优势，我们一定为你做好服务。"

W公司提出要在三天之内拿出塑件合作的详细方案，但令他们意想不到的是，仅用一天，谭伟红和他的团队就拿出了一套完美的解决方案，而这在行业内，最快也要三天时间。

客户欣喜之余，又提出了五天供货的要求。五天？一般企业至少需要十五天！但谭伟红没有退缩。通过仔细分析他发现，如果按照正常程序，来来回回确实需要半个月，于是他提出了一个设想：把客户的检验人员直接请到生产现场来，从而节省出耽误在路上的时间。跟客户沟通之后，客户同意了这个办法。

三天之后，客户拿到了产品。当W公司高层知道之后，当即决定与海尔建立长期合作关系。

海尔总裁张瑞敏说："速度是我们竞争的优势。我们与国际大公司相比，在实力上确实有一段距离；但是，并不是说外国大公司进入中国就一定能够握住市场这只无形的手。海尔产品在美国及欧洲市场上升很快，虽然我们很多地方不如国际大公司，但是我们能依靠速度去竞争，去取胜。外国公司半年开发一个新品，我们两个月就可以完成；外国公司两个月完成的产品，我们七天就可以拿出样品来。”海尔能如此快速高效，绝大部分功劳都要归于“日清工作法”。

03.
海尔的三本账和三张表

> 日清工作法的“三本账”和“三张表”能让员工及时掌握工作进程及完成情况，同时，管理者也可以及时纠正员工工作的偏差。“三本账”和“三张表”不仅明确了工作内容，也明确了责任。

为了实现日清工作法中的“当日工作当日清；班中控制班后清；员工自清为主，组织清理为辅”的要求，海尔运用了“三本账”和“三张表”来进行管理。

所谓“三本账”，即单位管理工作总账、部门管理工作分类账和个人管理工作明细账。

1. 单位管理工作总账。

即公司年度方针目标展开实施对策表。它按工作的目标值、先进目标、现状及实施对策的难点、完成期限、责任部门、工作标准、见证材料和审核办法的统一格式，将全公司的产量、质量、经济效益、生产率管理、市场产品和发展作为重点进行详细分析和分解，由总经理签发执行，并按规定的标准和审核周期进行考核奖惩。

2. 部门管理工作分类账。

即各部门、分厂年度方针目标展开对策表。它采用与公司相同的格式，按工作分工和总账中确定的主要责任对目标进行分析和分解，由部门负责人或分厂厂长签发执行。对职能部门，按其职能确定重点工作并将其分解到个人。在质量部门中，要按质量体系、质量管理、现场管理、新产品和内部日清等方面对目标进行分解和控制。对分厂，则按产量、质量、物耗、设备计量、现场管理、安全管理等七个方面进行工作的分解和控制。

3. 个人管理工作明细账。

即工作控制日清台账，主要记录的是项目、标准和指标（分先进水平、上期水平、本期目标）价值比率、责任人、完成情况、见证性材料、考核结果、实得总额和考核人。此账按天进行动态控制，员工要每天将各项情况填入，以达到有效控制工作和纠偏的目的。

在“三本账”之外，还有“三张表”，包括日清表、3E卡、管理日清表。

1. 日清表。

一部分是每个生产作业现场设立的一级大表，它主要记录该作业现场的质量、工艺标准、设备、材料物耗、生产计划、文明生产和劳动纪律等方面的实际情况，每两小时由职能巡检人员登记填写一次，公布于众。另一部分是由职能人员对上述七方面进行巡检时做的记录，也包括每天的日清表考评意见，即将每天日清表的全部情况进行汇总和评价，存档必查。

2. 3E 卡。

指 3E 日清工作记录卡。将每个员工每天工作的七个要素（产量、质量、物耗、工艺操作、安全、文明生产、劳动纪律）量化为价值，每天由员工自我清理计算并填写记账、检查确认，而车间主任及职能管理员则负责抽查，月底汇总兑现计件工资。这使每个人每天的工作有了一个明确的定量结果，体现了数据说话的公正性和权威性，保证了各项工作的有序运行。

3. 管理日清表。

由各级管理人员在班后进行清理时填写，主要对例行管理的受控状况进行清理和分析，以找出存在问题的原因、整改措施和责任人，不断提高受控率。

04.
区域日清与职能日清

> 日清系统是目标得以实现的支持系统。因为在目标实施过程中，影响因素很多，特别是一些本来极易排除而又未能及时处理的小问题和事故隐患，长期积累就会成为积重难返的大问题，从而影响目标的实现。所以，建立一个每人每天对自己所做的每件事进行清理、检查的日清工作系统是很重要的。

“日日清”的内容分为区域（生产作业现场）日清和职能日清。其中，区域日清主要包括七项内容：

1. 质量日清。主要对当天的质量指标完成情况、生产中出现的不良品、原因分析与责任人等情况进行清理。

2. 工艺日清。主要对当天的首件检验结果与其他工件（产品）

指标参数的对比情况、工艺纪律执行率情况进行清理。

3.设备日清。主要对设备的例行保养、设备完好状况和利用率、责任人等情况进行清理。

4.物耗日清。主要对材料超耗部分按质量、设备、原材料、能源、人员素质等方面的原因与责任进行分类清理。

5.生产计划日清。主要对生产进度及影响原因、实际产量、欠产数量、解决措施与结果、责任等情况进行清理。

6.文明生产日清。主要对分管区域的定量管理、卫生、安全及责任进行清理。

7.劳动纪律日清。主要是对劳动纪律执行情况进行清理。

上述七项日清内容，要在各职能人员控制的基础上，由各区域的员工进行清理，并把清理情况及结果填入3E卡。区域日清所要解决的主要问题，是各生产作业现场七项内容的受控状况、发生问题的原因及责任分析，及员工当天工资的收入测算。

除了区域日清，日清工作法的另一个内容是职能日清。它是各职能部门对本部门的职责执行情况进行的日清，包含两部分：

1.生产作业现场的日清。

这要求员工按“5W、3H、1S”九个因素进行控制性清理，并将发现的问题及时填入相应区域的“日清表”。所谓的“5W、3H、1S”是指：

（1）WHAT：何项工作发生了何问题。

（2）WHERE：问题发生在何地。

（3）WHEN：问题发生在何时。

（4）WHO：问题的责任者。

（5）WHY：发生问题的原因。

（6）HOW MANY：同类问题有多少。

（7）HOW MUCH COST：造成多大损失。

（8）HOW：如何解决。

（9）SAFETY：有无安全注意事项。

2. 各职能部门工作人员的日清。

这要求员工按自己分工区域、分管职能的受控情况、问题原因的查找及整改措施的制定情况来进行分类清理，并将结果填入个人的“日清表”。

职能日清所要解决的主要问题，是找出问题的原因及改进措施、分析责任、变例外因素为例行因素、测算职能人员的工资类别等。

05.
分工协作的六项日清管理法

> 岗位管理和经营决策实现动态管理。依据市场原理，员工的薪酬依据业绩和绩效上下浮动，因此要进行班组管理和全员激励。同时为避免各自为战和降低内耗，又使用了分厂管理。为了推进工作的进度，设置了职能部门，加速了任务完成进程。

具体来讲，日清工作法有六个管理方法。它们分别是岗位管理工作法、班组管理工作法、分厂管理工作法、职能部门工作法、经营决策工作法和全员激励工作法。

1. 岗位管理工作法。

岗位实行动态、轮岗管理，即所有岗位均根据市场需求而设定，不是固定不变的。如果市场需要，则岗位存在，反之就取消岗位。人员上岗通过竞聘。

2. 班组管理工作法。

班组实行分级、动态转换制。班组被分为合格班组、信得过免检班组、自主管理班组、自主管理创新班组四个等级，符合相应条件的就能转为相应等级的班组。各班组的等级每月动态转换，不同等级的班组享受不同的待遇。

3. 分厂管理工作法。

分厂作为生产实体，负责不同产品的制造，其内部设置分为生产、质量、物耗（成本）、现场、车间等部门，它们各司其职又互相配合，共同为订单的推进而努力。

4. 职能部门工作法。

职能部门位于市场链同步流程中的支持流程中，其重要职责是服务，是推动订单的执行。

5. 经营决策工作法。

经营决策位于市场链同步流程中的创新订单流程中，它要创造市场需求，创造订单，并起宏观调控作用，确保市场链流程的高速有效运转。

6. 全员激励工作法。

每个人都是一个创新的 SBU（战略事业单位），起点相同，但加速度不同，而速度快、方向正的会享受相应的激励，如三工转换、升迁、发明奖励等。

海尔的这六项管理方法实现了管理的纵横交错，不同的管理方法在实践中发挥着不同的作用，它们共同激励员工的积极性，从而加快了工作流程，提高了企业的生产效率。

06.
目标、日清、激励——海尔日清工作法的基本框架

> 企业管理程序复杂，但归根结底就是“目标”“日清”和“激励”这三个方面。企业与员工首先要确立目标，用目标指引行动；其次要日清工作，按时有序地完成目标所确定的基础工作；最后要在达成目标的过程中，还要通过激励体系调动员工的积极性，从而推动目标完成。

OEC管理法是由三个基本框架构成的，即目标体系、日清控制体系和有效激励机制。这三个体系形成了一个完整的管理过程：首先由目标体系确立目标，然后由日清体系来保证完成目标的基础工作，日清体系的结果则与激励机制挂钩，以此来激励全企业向目标努力。详细来讲，这三个基本框架的特点如下：

1. 目标系统。

建立的目标要体现企业发展的方向和要达到的目的，而目标的高度取决于市场竞争的需要。其目标建立的特征有三：

（1）指标具体，可以度量。海尔把电冰箱从钢板成型到出厂的 156 个工序的 545 项责任都进行了价值量化，并汇编成小册子，小到一个门把螺钉上得好不好都有明确规定。正因为责任落到了实处，所以产品的质量有了保证。

（2）目标分解，坚持责任到人的原则。各项工作都按标准进行分解，明确规定主管人、责任者、配合者、审核者、工作程序、见证材料、工作频次，从而做到企业内的每件事都有专人负责，使目标考核有据可循。

（3）做到管理不漏项。企业中的每件物品，大到一台设备，小到一块玻璃，按规定都要有具体的责任人，并要在每件实物旁边明显标示出来，保证物物有人管理。关于这一项有一个实例。海尔电冰箱厂有个材料库，楼高五层，整个大楼有 2945 块玻璃。为保证这 2000 多块玻璃的“日清日洁”，主管在这 2945 块玻璃的角上设置了编号小条，条上写有擦玻璃人和监督者的编码。这样一来，发现哪一块玻璃脏，马上就能找到这两个人。这样的事情，用海尔内部的话讲，就是“总账不漏项、事事有人管、人人都管事、管事凭效果、管人凭考核”。

2. 日清控制系统。

“日清控制系统”是目标得以实现的支持系统。海尔在实践中建立起一个每人每天对自己所从事的每件事进行清理、检查的“日日清控制系统”。它包括两个方面：一是“日事日毕”，即当天发生的各种问题（异常现象）要在当天弄清原因，分清责任，及时采取措施进行处理，防止问题积累，保证目标得以实现。如工人使用的3E卡，就是用来记录每个人每天对每件事的日清过程和结果的。二是“日清日高”，即对工作中的薄弱环节不断改善、不断提高。

“日清控制”在具体操作上有两种方式：一是全体员工的自我日清；二是职能管理部门（人员）按规定的管理程序，定时（或不定时）地对自己所承担的管理职能和管理对象进行现场巡回检查，也是对员工自我日清的现场复审。组织体系的“日清控制”，可以分为生产作业现场（车间）和职能管理部门的“日清”两条主线，两者结合就形成了一纵一横交错的“日日清”控制网络体系。无论是组织日清还是个人自我日清，都必须按日清管理程序和日清表进行清理，并将清理结果每天记入日清管理台账。

日清体系的最关键环节是复审。没有复审，工作只布置不检查，便不可能形成闭环，也不可能达到预期效果。所以在日清中要重点抓管理层的一级级复审，而复审中发现的问题，要随时纠偏。在现场设立“日清表”，要求管理人员每两小时巡检一次，将发现的问题及处理措施填在“日清表”上。如果连续多次发现不了问题，就必须提高目标值。

3. 激励机制。

激励机制是日清控制系统正常运转的保证。海尔在激励政策上坚持的原则有二。其一是公开、公平、公正，通过3E卡，每天公布职工每个人的收入，不搞模糊工资，使员工心理上感到相对公平。其二是要有合理的计算依据，海尔实行的是计点工资，所谓“计点工资”，是将一线职工工资的100%与奖金捆在一起，按点数分配。同时在此基础上，又进一步在一、二、三线对每个岗位实行量化考核，从而使劳动与报酬直接挂钩，报酬与质量直接挂钩。

在激励的方法上，海尔更多地采用及时激励的方式，如在质量管理上利用质量责任价值券。员工们人手一本质量价值券手册，手册中整理汇编了企业以往生产过程中出现的所有问题，并针对每一个缺陷，明确规定了自检、互检、专检三个环节应负的责任价值及每个缺陷应扣多少钱。当质检员检查发现缺陷后，会当场撕价值券，由责任人签收；操作工互检发现的缺陷经质检员确认后，会当场予以奖励，同时对漏检的操作工和质检员进行罚款。质量价值券分红、黄两种，红券用于奖励，黄券用于处罚。这样一来，更加调动了员工的积极性，也进一步保证了产品的品质。

07.
海尔日清工作法的三原则

> **日清工作就必须要找出出现问题的原因并拿出具体的解决方案。而对于进步，真正的进步是比别人进步得快；要不断地拉长自己的短板，告别能力危机才能保持竞争力。**

海尔日清工作法的三个原则是：闭环原则、比较分析原则、不断优化原则。对于这三个原则，现在详细叙述如下：

1. 闭环原则。

闭环原则就是先制定目标和实施的方法，按照既定方法去实施目标，在实施的过程中要不断检查，及时发现问题，并进行改进和处理。这也是日清工作法的一个核心问题，即日清工作就必须要找出工作出现问题的原因，并拿出具体的解决方案。

凡事只要想善始善终，就必须遵循 P.D.C.A（P—PLAN 计划、D—DO 实施、C—CHECK 检查、A—ACTION 行动）循环原则，螺旋上升。

P 阶段：根据用户要求并以取得最佳经济效益为目标，通过调查研究，制定技术经济指标、质量目标、管理项目以及达到这些目标的具体措施和方法。

D 阶段：按照所制订的计划和措施付诸实施。

C 阶段：在实施了一个阶段之后，对照计划和目标检查执行的情况和效果，及时发现问题。

A 阶段：根据检查的结果，采取相应的措施，或修正改进原来的计划或寻找新的目标，制订新的计划。

2. 比较分析原则。

纵向与自己的过去比，横向与同行业国际先进水平比，通过比较找到差距，从差距中找到不足，从不足中提高认识，从认识中采取行动，从行动中获得发展。比较分析原则要落到实处，就要将所做的事情与目标或计划相比较，分析现状与目标或计划的偏差（偏差有正有负，正表示超过了目标，负表示尚有差距，达不到目标）。

没有比较就没有发展，对于任何一个有进取心的员工来说，只有分析了偏差的原因，才能进一步采取针对措施。

3. 不断优化的原则。

木桶理论认为，一只沿口不齐的木桶，盛水的多少不在于木桶上最长的那块木板，而在于最短的那块。因此要想提高水桶的整体容量，不应去加长最长的那块木板，而是要下工夫补长最短的木板。根据木桶理论，我们工作时也要找出薄弱项，并及时整改，以提高全系统水平。

面对自己的缺点和不足时，有些人从没察觉到，有些人虽然有所察觉，却听之任之，于是他们永远只能在原地踏步，甚至是每况愈下。要保持竞争力，就要拉长自己的能力短板。

按照进化论的原则，事物发展的程序是汰弱留强，去伪存真。不管是个人，还是企业，只要想发展壮大，就要找出自己的薄弱项并及时整改。

08.
海尔日清工作法的运行程序

> 日清工作法有着科学的工作程序：确立目标，实施工作，检查完成情况，最后还要进行工作总结。日清工作只有按照这样的程序运行，才能发挥基础管理的真正威力。

按照日清管理系统，“日日清”的运行分三段九步。其中，第一段包含三个步骤：

1.制定目标和要求。在工作开始前召开例行会议，明确当天的目标及要求。

2.按目标和要求工作。生产系统按七项日清要求进行生产，职能系统针对七项日清，按“5W、3H、1S”的要求，实行瞬间控制。

3.填写日清表。由主管每2小时公布一次巡视中发现的问题及处理意见。

第二段，即按组织体系进行班后的纵向清理，分五步:

1. 自清。所有岗位的员工对当天的工作按日清的要求逐项清理，生产岗位填写3E卡交组长，管理岗位填写日清工作记录交部门主管。

2. 考核。由组长根据一天对每人各方面情况的掌握进行考核确认，然后报部门主管。

3. 审核。由部门主管根据当天对各组长情况的掌握，复核各组的3E卡，其本人则要填写“日清工作记录”报部门经理。

4. 汇总。部门经理审核“日清工作记录”，登记本部门日清台账，并将当天职能分管工作中出现的问题、解决的措施、遗留的问题、拟采取的办法等，汇总报给公司经理助理。

5. 上报。公司经理助理复审后签署意见和建议，反馈给各部经理，再由各部经理汇总报总经理。

第三段是总结归纳，即由各职能部门会同有关部门、有关岗位，对“日清”过程中反映出的问题进行分类分析，并在提出解决措施的基础上，制定和完善相应的管理制度，提高薄弱环节的目标水平，并将这些经验作为下一循环的依据。